# 易理与八段锦

司红玉　张怀信　著

人民体育出版社

**图书在版编目（CIP）数据**

易理与八段锦 / 司红玉，张怀信著. -- 北京：人民体育出版社，2021
ISBN 978-7-5009-6051-5

Ⅰ.①易… Ⅱ.①司… ②张… Ⅲ.①《周易》—研究②八段锦 Ⅳ.①B221.5②G852.9

中国版本图书馆CIP数据核字(2021)第116475号

*

人民体育出版社出版发行
国铁印务有限公司印刷
新 华 书 店 经 销

*

880×1230 32开本 7.5印张 180千字
2021年11月第1版 2021年11月第1次印刷
印数：1—4,000册

*

ISBN 978-7-5009-6051-5
定价：25.00元

社址：北京市东城区体育馆路8号（天坛公园东门）
电话：67151482（发行部） 邮编：100061
传真：67151483 邮购：67118491
网址：www.sportspublish.cn
（购买本社图书，如遇有缺损页可与邮购部联系）

# 参编人员

史中瑞　宋同顺

肖学功　刘　华

# 作者简介

司红玉

郑州大学教授，体育学博士，硕士生导师，体育学院（校本部）副院长，河南省青年骨干教师，河南省教育厅学术技术带头人，健身气功七段，国家级裁判员，国家健身气功精英计划培养对象，曾被国家体育总局健身气功管理中心、河南省外侨办公派到加拿大、西班牙、印度尼西亚、比利时、日本、毛里求斯等国家传播健身气功、武术。曾主持省部级课题5项，厅级课题10余项，发表论文50余篇（中文核心13篇）。

张怀信

1960年出生，国家一级社会体育指导员，太极拳六段。1981年安阳师范专科学校毕业，随后在高中任教8年，中教一级。1989年调入濮阳县法院工作，历任书记员至副院长，四级调研员，2020年退休。1989年开始习练捧气贯顶、三心并站桩等，2006年开始习练健身气功，现任濮阳市健身气功协会副主席兼秘书长，组织主持市级比赛，组织人员参加省级、国家级比赛，多人获得一等奖。多年来，在濮阳县、市举办的社会体育指导员培训班及机关、学校讲授健身气功。

# 序

《易经》是中国文化最高地位的圣典之一，自古以来就被称为“群经之首，大道之源”。易之道广大悉备，有天道，有地道，有人道。其大无外，其小无内。并通达权变，涵盖宇宙间万事万物的变化之妙。《四库全书总目提要》中说：“易道广大，无所不包，旁及天文、地理、乐律、兵法、韵学、算数，以逮方外之炉火，皆可援易以为说。”

《易经》把易分成四层含义，一曰简易，二曰变易，三曰不易，四曰交易。简易就是说我们看得见、摸得着或检测得到的形而下的世间万物，它们皆可一分为二。事物均具两面性，而且从不同的角度看事物的两面性会发生转化。变易是说事物中的一阴一阳互为其根，辩证统一交互转化。具体而言，说的是万物的演进变化，就像天上的风云变化。不易是说万物中一阴一阳的变化、平衡或综合则又上溯为道，也是易的最高层次。也就是说万事万物均由不易的大道产生，世间的万事万物在演化的过程中永远遵循大道。大道是永恒存在的，万物一旦由大道产生，就会以简易的形式存在，以变易的方式演化。交易是指阴阳相互交通对流，在阴阳的交互作用，阳有“先与之，后取之”的德性,阴有“先取之，后与之”的德性。“取”和“与”即对立物交融，其过程是作为宇宙万物根本的阳，先将元素散发于阴，阴从阳中取得所需阳元素与自身的阴元素交配、沟通，从而生育繁衍万物，然后又返回于阳，如此周而复始，永不停息。

俗话说，易医同源，祖国医学把易经的原理运用到防病治病上，取得了举世瞩目的成就，惠及古今中外的亿万桑梓。《黄帝内经·素问》记载：“阴阳者天地之道也，万物之纲纪，变化之父母，生杀之本始，神明之府也。”同时也说明，宇宙中的万事万物都可以用阴阳来概括，任何一种物质内部均可以划分为阴阳两个方面或对立的趋势，阴阳可以使事物体现出无限的可能性。

古代易理在健身气功·八段锦中也被广泛应用并推升演化，在八段锦的动作中处处显示了阴阳变化及其演化过程，如功法中的动静、虚实、松紧、开合、上下、内外、刚柔等。从八段锦的运动状态和运动属性来讲，刚、动、紧、开等为阳，柔、静、松、合等为阴。它们相互对立，相互依存，“刚柔相推，而生变化”。八段锦中虚实无处不在，虚实分明而又相生。阴极生阳，阳极生阴，阴阳自然调和。调至恰到好处，方知易理与八段锦的理论息息相通之妙。

将健身气功·八段锦有关易理的理解、掌握运用到健身气功“三调”中，即“调心、调息、调形”，使其更加和谐、统一，就能感受意到气至、气到形至、形到气至、疏通经络，并具有防止或消除疾患的效果。另外，还可以较好地提高学练八段锦的兴趣和热情，以便更好地运用肢体语言体悟传统文化的巨大魅力。最后，能够增强传统文化对生命科学影响的认识，以进一步提高群众防病意识及治病效果。

笔者学练健身气功已有多年，具有自己的心得体会，并试图与易学的相关知识进行适当的融合，为构建健身气功·八段锦理论体系提供依据，以更好地普及、推广、提高实践效果。但是，由于水平有限，还有很多不尽如人意之处，敬请各界专家、学者和读者批评指正，从而使我们在弘扬传统体育养生文化的路上，走得更扎实、更有效，为健康中国尽一点绵薄之力。

# 目　录

# 第一章　易文化概述

## 第一节　阴阳

我国传统文化是从神话故事开始的，在上古神话“盘古开天”和“伏羲一画开天”中都说明先民处于混沌的时期，经开天使清气上升而成为天，浊气下降而成为地，万物存在于天地之间。《系辞传》中说：“易有太极，是生两仪。”朱熹说：“易者，阴阳之变。”

### 一、天地之阴阳

根据上述可画出天、地、人之三才图。（图1-1）

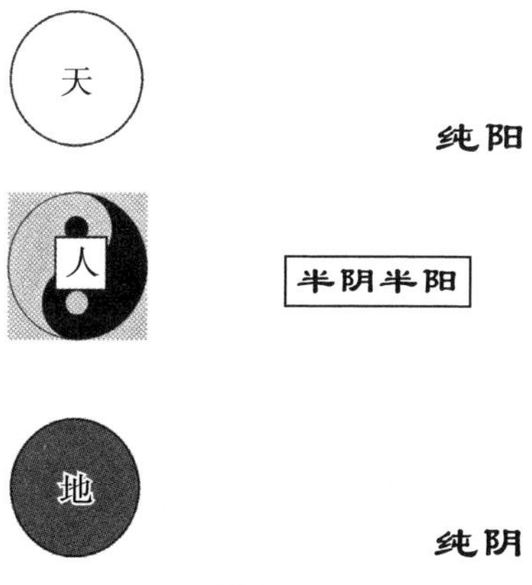


图1-1

从三才图可以看出，天为阳，地为阴，天地交媾而化生万物。万物为半阴半阳，人为万物之灵。

《观物内外篇》中说："道为天地之本，天地为万物之本。以天地观万物，则万物为万物，以道观天地，则天地亦为万物，道之道，尽之于天矣，天之道，尽之于地矣，天地之道，尽之于物矣，天地万物之道，尽之于人矣。"

## 二、四时之阴阳

根据图1-2可知，自然界中有阴阳，才会形成季节中春暖、夏热、秋凉、冬寒的四季变化。

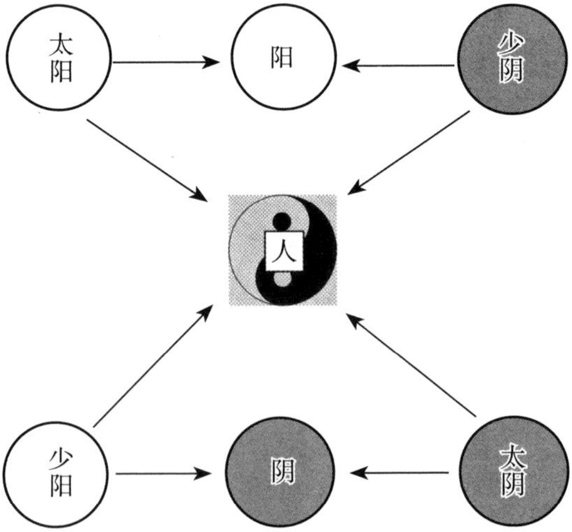


图1-2

## 三、八卦之阴阳

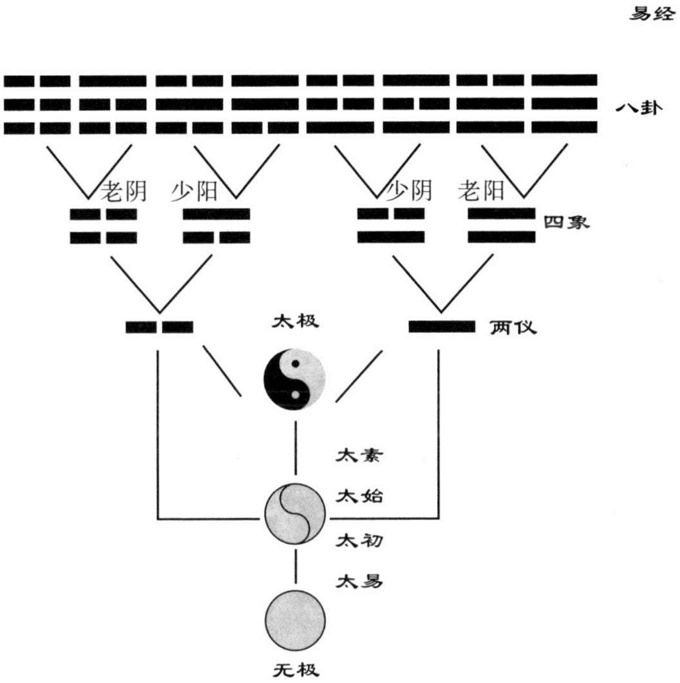


图1-3　六十四卦象

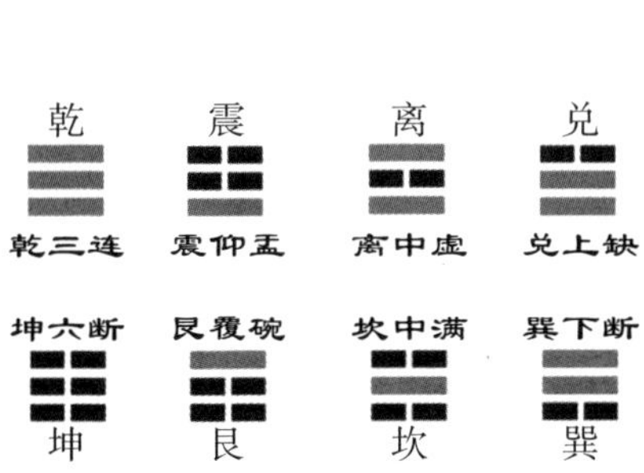


图1-4　八卦歌诀

## 四、人身部位之阴阳

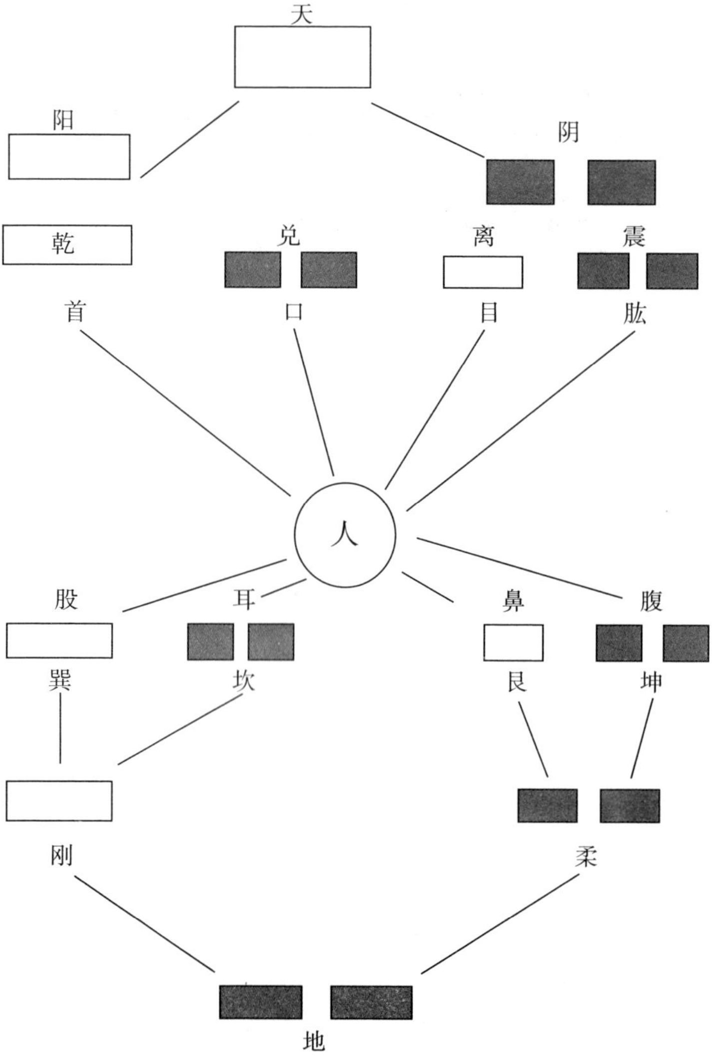


图1–5

《说卦传》说："昔者圣人之作易也，将以顺性命之理，是以立天之道曰阴与阳，立地之道曰柔与刚，立人之道曰仁与义。兼三才而两之，故易六画而成卦，分阴分阳迭用柔刚，故易六位而成章。"

图1-5天之阴阳分为乾、兑、离、震，地之柔刚分为坤、艮、坎、巽。

乾下交于坤，巽上交于震，离下与坎相交，艮上与兑相交，当人在气交过程中，禀天地、四象、八卦之气，头圆居上位得之乾，腹虚有容得之坤，股肱能动武功得之震、巽。离目主视，兑口能言，得天之气，为阳故能动，坎耳善听，艮鼻处默，得地之气，为静故为阴。以腰为界，人体上部为阳，下部为阴，阴生阳长，互为其根。形体阳之部位有胸、背、肩、肘、腕、手；形体阴之部位有腰、腹、臀、胯、裆、膝、踝、脚。

## 五、四时中的气之阴阳

四时之气是由乾坤、阖辟、动静、阴阳、升降、开合的相互作用变化而来的。冬至阴极生阳，夏至阳极生阴，乾坤统领阴阳之气的变化，秋分的阴气是由坤之阖而来，春分的阳气是由乾之辟而得，冬至、夏至，阴阳二气相合，春分、秋分，阴阳二气相分离。

如图1-6所示，外卦巽温、乾热、震淳、坤寒是天地之间四时的分化之气；中央坎、离、艮、兑四卦，配为雨、旸、燠、寒风，是天地四时之间的游走之气。

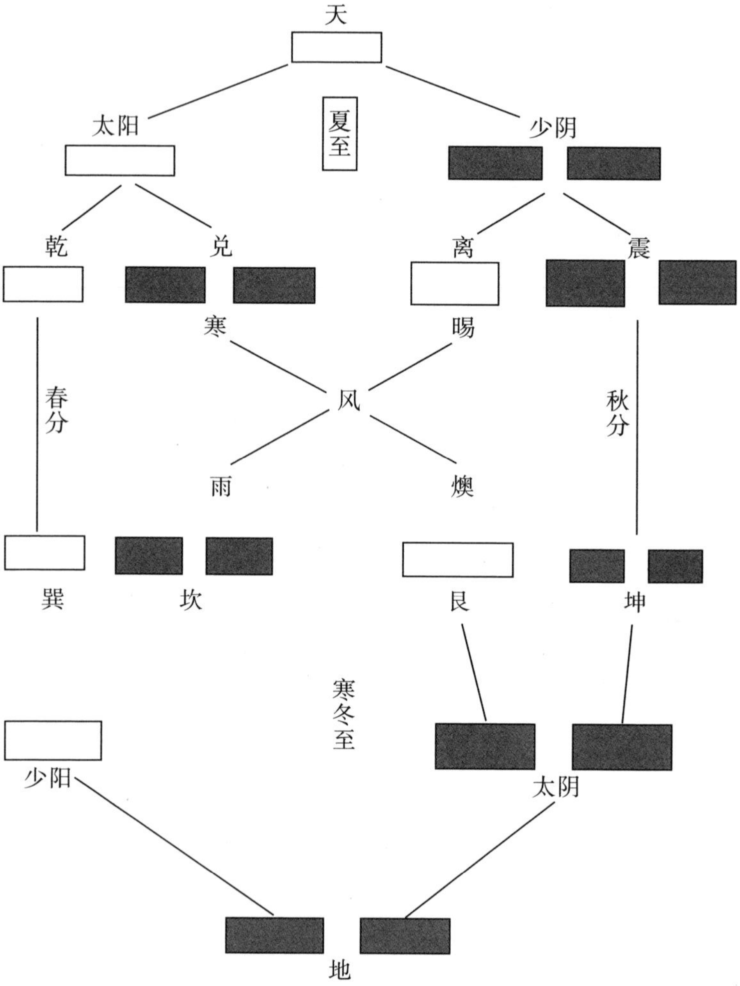


**图1-6　四时气之阴阳**

《黄帝内经》曰："寒暑、燥湿、风火，天之阴阳也。三阴三阳上奉之……应天之气，动而不息……应地之气，静而守位，人以五脏六腑下应之。"

## 六、意念活动及呼吸过程中的阴阳

八段锦的意念活动有阴阳之分。人凡思动、思火、动念为阳，思静、思水、忘念为阴；无念在上或从下而上为阳，意念在下或从上而下为阴，所以阳盛者宜守静忘志以养阴和阳，阴盛者宜宣阳意引而发阳和阴。凡是要补阳升阳的人，意念向上的，可守印堂、百会；凡是要养阴潜阳的人，意念向下的，可守会阴、涌泉。根据学练八段锦的目的不同，可通过不同的站桩姿势与意守部位来达到学练目的。

在呼吸中，吸为阳，呼为阴，存气闭息可祛寒，呼出浊气可清热。阳盛者，宜守呼气，延长呼气时间，或呼气后稍加停顿；阴盛者，宜守吸气，延长吸气时间，或吸气后略加停顿。如此久久调熟，由动入静，随顺自然可矣。

宇宙一大太极，人体一小太极，五脏六腑四肢百脉，经络穴位自成体系。习练八段锦者，欲取日月之精华，及天地之灵气，其行功转运必须符合自然的规律。太极生两仪，两仪者阴阳也，两仪生四象，太阴、太阳、少阳、少阴是也。阴阳开合互为生化，终得混元一气（得混元一气者，亦需恬淡无念，守真无漏，长养圣胎，可强身健体，祛病延年）。以呼吸而论，浊气下降为阴，浊气升华为清气，清气上升则为阳，生生不息内气才能充足鼓荡，使内气推动外形（此即是内保和协外神采）。从外形要求有前必有后，无后则向前探，有后无前必牵，前后左右平衡则稳，稳则神情安逸，筋肌方能松弛，在紧凑之中有展开之意，使浊气自沉丹田，清气自然上升，以形成“外形饱满，内气鼓荡”的状态。

## 第二节 五行

五行最早出现在《尚书·洪范篇》："一曰水，二曰火，三曰木，四曰金，五曰土。水曰润下，火曰炎上，木曰曲直，金曰从革，土爰稼穑。润下作咸，炎上作苦，曲直作酸，从革作辛，稼穑作甘。"

实际上"阴阳"和"五行"都是气的分化。从气的角度看，阴阳是二气，五行是五气，五行是阴阳的细分。气—阴阳—五行是一个逐渐生成和分化的过程，是三个不同的层次。气生阴阳，阴阳生五行。《周易·系辞传》说："易有太极，是生两仪，两仪生四象，四象生八卦。"太极（气）生两仪（阴阳）为第一级划分，两仪生四象（太阳、太阴、少阳、少阴）为第二级划分，四象生八卦为第三级划分。这里虽然没有说到五行，但实际上四象八卦就是五行。四象可看成水、火、木、金。八卦可看成水（坎）、火（离）、木（巽阴木、震阳木）、金（兑阴金、乾阳金）、土（坤阴土、艮阳土）。阴阳和五行具有互换关系，五行是阴阳所化生，五行是两对阴阳（水与火、木与金）加一个中土。阴阳是五行的简化，五行是阴阳的细化。那么金、木、水、火、土到底代表了什么象意呢？

**金**：凡是坚固、凝固的都是金。

**木**：代表花草树木，代表生命中"生"的功能和根源。

**水**：代表流动性，具有周流不息的作用。

**火**：代表热能。

**土**：代表地球本身。

## 一、河图的象

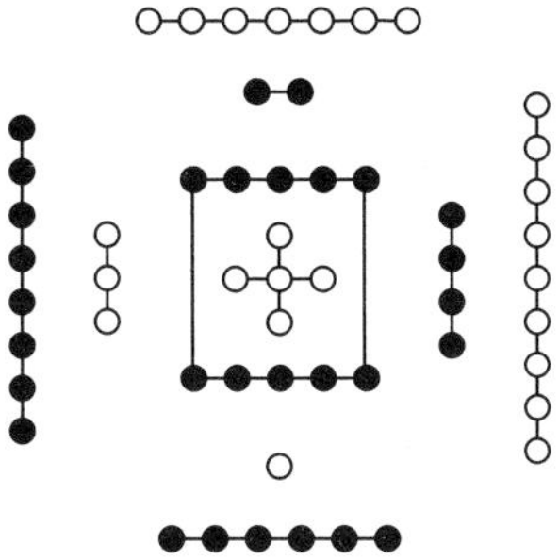

图1–7

河图是用黑白圆点表示阴阳、五行的方形图，但其实质是一个球形体（图1–7）。古人过去所画图与我们现在的地图方向相反，其下为北方、上为南方、左为东方、右为西方。

**北方：**一个白点在内，六个黑点在外，五行为水。
**南方：**两个黑点在内，七个白点在外，五行为火。
**东方：**三个白点在内，八个黑点在外，五行为木。
**西方：**四个黑点在内，九个白点在外，五行为金。
**中央：**五个白点在内，十个黑点在外，五行为土。

## 二、五气之图

如图1–8所示，木火为阳、金水为阴、土亦阴亦阳。河图可能是依据五星出没时节而绘成。五星又称五纬，是天上的五颗行星，木曰太岁星，火曰荧惑星，金曰太白星，水曰辰星。在每年的十一月冬

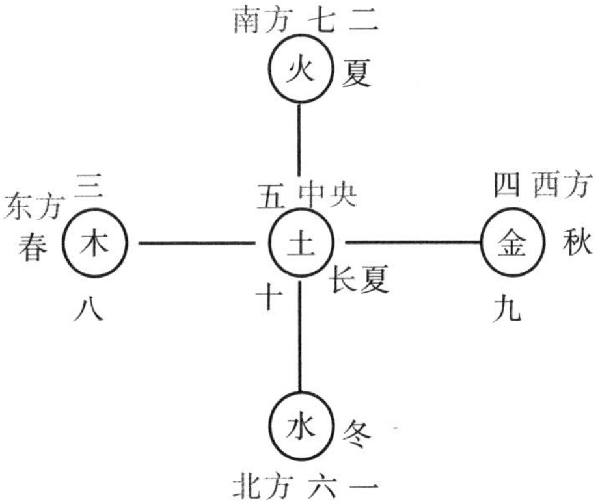


图1–8

至前，水星见于北方，七月夏至后，火星见于南方，三月春分，木星见于东方，九月秋分，金星见于西方。五月土星见于中天，表示长夏湿土之气当令，木火金水皆以此为中点，木火金水引起的四时变化都是从地面上观测出来的。

## 三、天地之数（阴数、阳数、奇数、偶数）

《系辞传》曰：“天一，地二，天三，地四，天五，地六，天七，地八，天九，地十。天数五，地数五，五位相得各有合。天数二十有五，地数三十，凡天地之数五十有五，此所以成变化而行鬼神也。”

天数1、3、5、7、9为奇数、阳数，相加为25；地数2、4、6、8、10为偶数、阴数，相加为30。天数和地数相加和为55，天数25构成了我们农业社会的二十四节气，地数30是讲阴历一个月30天，说的是地球与月亮的关系。

天一生水，地六成之；地二生火，天七成之；天三生木，地八成之；地四生金，天九成之；天五生土，地十成之。所以，生数为1、2、3、4、5；成数为6、7、8、9、10，也是上面所说的“天数五，地数五，五位相得各有合”。

从河图中可以看出，生数1、2、3、4、5在内，成数6、7、8、9、10在外。在生数里，阴找阳，阳找阴，就会形成1找4，2找3，1、3为升阳，2、4为升阴，这样1加4为5，2加3为5，形成定数；在外图，7、9为降阳，6、8为降阴，就是9加6和7加8为15，形成总数为15，就是在总量不变的情况下，阴阳比例发生变化，阴升阳降或者阳升阴降。对每个人练功来论，呼吸就是天生的，不管阴阳如何变化，都需要一个定数，否则便会生出横逆之气。练功时，身体需要得一个舒适的状态，气会从压力大的地方往压力小的地方去。万物都是内生外成，练健身气功·八段锦也不例外，以意引气，以气催形。

## 四、五行之数及河图数之交合图

五行之数就是五行的生数，水一，火二，木三，金四，土五，一、三、五为阳数，相加和为九，所以九是阳数之极；二、四为阴数，相加为六，为阴数之极，阴阳之数相合为十五，为洛书数。

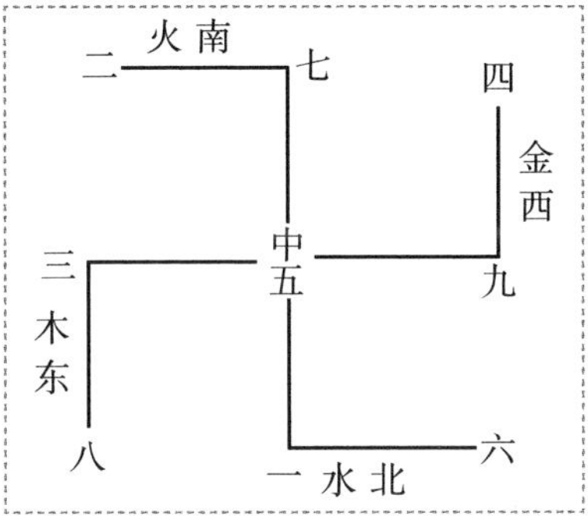

图1–9

扬雄《太玄》曰："一六为水，二七为火，三八为木，四九为金，五十为土。一与六共宗、二与七为朋、三与八成友、四与九同道、五与十相守。"（扬雄不言十，五与五即是十）

## 五、五行的相生相克

### （一）五行相生

五行相生是指五行之间互相滋生、互相促进的关系。隋人萧吉《五行大义·论相生》里说："木生火者，木性温暖，火伏其中，钻灼而出，故木生火；火生土者，火热，故能焚木，木焚而成灰，灰即土也，故火生

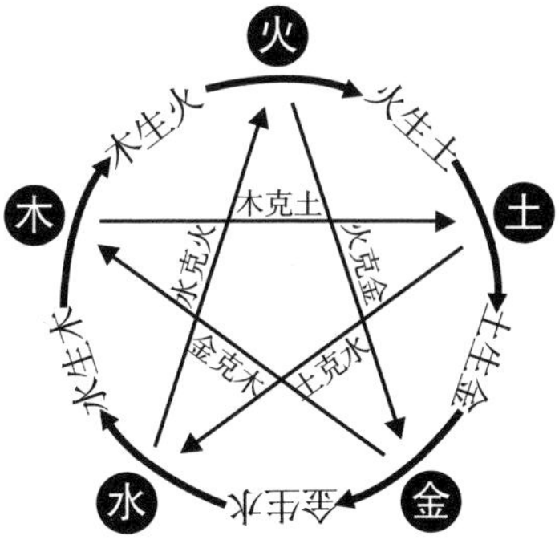

图1–10

土；土生金者，金居石，依山津润而生，聚土成山，山必生石，故土生金；金生水者，少阴之气，润燥流津，销金亦为水，所以山石而从润，故金生水；水生木者，因水润而能生，故水生木也。”

### （二）五行相克

五行相克也称五行相胜，指五行之间互相制约、克胜的关系。《素问·宝命全形论》曰：“木得金而伐，火得水而灭，土得木而达，金得火而缺，水得土而绝，万物尽然，不可胜竭。”

《易源》曰：“五行相生，遇三致克。”就是说五行相生到三数便产生相克。如金生水、水生木、木生火，为三个过程，至此火便回头克金。其他同理“遇三致克”。

相生相克是密不可分的，没有生，万物就无法发生和生长；没有克，万物无所约束，就无法维持正常的协调关系。只有保持相生相克的动态平衡，才能使万物正常地发生与发展。

### （三）五行相乘相侮

五行相乘相侮则属于万物发展变化的反常现象。乘即乘虚侵袭之意，相乘是一行对另一行克制超过正常的范围或者克制太过。相乘与相克的方向次序是一致的。侮就是特别凌弱，相侮就是相克反向，又叫反克，是盛弱超出正常范围促使五行相克方向相反的克制。

## 六、河图之数起于一六及河图之阳数

河图的体在中央，而其用在于北，所以数起于北方，一从北往南而生二，自南再往东生三，从东南往西而生四，自西进入中央而生五，随着气机变动阴阳两极发生变化。从中央向北出而生六，自北向南而生七，自南向东而生八，自东向西而生九，自西进入中央而生十，随气机变静阴阳两极发生变化。（图1-11）

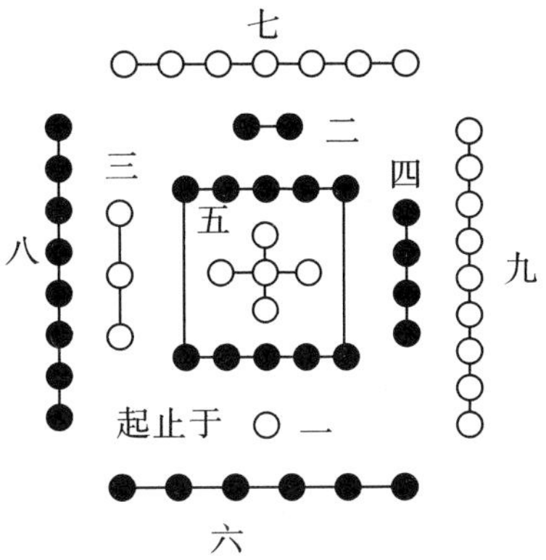


图1-11

有出必有入，有入必有出，入平静机，出随动机。静虽有常，但其流动性态是不停止的。西北方向是数出入的门户，阴找阳，阳找阴，阴阳相变而生数，数从一开始，至九结束。从二发生变化，而十又复归于一。自北至西是阳数端，阳数端变到最大，变阴而归到十，自二至十是阴数端，阴又必归阳而复归于一。

在河图中，北方为水，一六合为七，七阳数。南方为火，二七合为九，九阳数。东为方木，三八合为十一，一阳数。西方为金，四九合为十三，三阳数。中央为土，五十合为十五，五阳数。总数五十五，也是阳数。

## 七、人的五行之气

朱云阳在《参同契阐幽》中说："金性为造化之根，生身之本。造化之奥，全在河图。水为五行开先，故天一即生水。沿而下之，水生木，木生火，火生土，到土方才生金。所以独处其最后，而全五行之气，是造化以金为要终也。土为五行殿后，故天五才生土，溯而上之，生土者火，生火者木，生木者水，水却从金而生，金复处其最先，而辟五行之源，是造化又以金为原始也。此终则有始之妙也。金在吾身，即属先天祖性。父母未生以前，以性圆同太虚。迨媾精以后，地水火风，四大假合而成幻躯，太虚中一点真性落于其中，方能立命，是吾身以金为原始也。及乎四大假合之躯，终归变灭，而此金性独不与之俱变，万劫长存，是吾身又以金为要终也。此无终无始之妙也。”这一段话是说生命的本性，为一切生命造化的根本。父母结合生出我们的肉体，也是生命的根本。河图中隐藏着宇宙造化的奥秘。拿五行来说，北方天一生水，水生木，木生火，火生土，形成地球万有。五行水、木、火、土、金，金在最后，金是本性，是结果。那么水又从哪里来呢？从金生的，金又叫五行的开始，因此，从五行一来一往、一生一克的变化，金具有有始有终的作用，金代表了人的本性，代表了先天祖性。父母没有生我们以前，这个本性本来圆明清净，因为阴阳男女，精子与卵子结合，我们这点灵光本性，欲念一动，入胎变成了人。地水火风四大变成我们的身体，原来的本性就藏入我们身体中。这个金代表了我们的本性，当这个身体最后死亡后，这个本性是常存的。所以，我们的生命还是这个本性——“金性”最重要。金代表了本性，不生不灭，无始无终。

## 八、五行与人体及自然界部分万物相对图

**表1–1**

| 五行 | | 木 | 火 | 土 | 金 | 水 |
|---|---|---|---|---|---|---|
| 人体 | 五脏 | 肝 | 心（心包） | 脾 | 肺 | 肾 |
| | 六腑 | 胆 | 小肠（三焦） | 胃 | 大肠 | 膀胱 |
| | 五体 | 筋 | 脉 | 肉 | 皮 | 骨 |
| | 五情 | 怒 | 喜 | 思 | 忧 | 恐（悟） |
| | 五窍 | 目 | 舌 | 口 | 鼻 | 耳 |

（续表）

| 五行 | | 木 | 火 | 土 | 金 | 水 |
|---|---|---|---|---|---|---|
| 人体 | 五津 | 泪 | 汗 | 涎 | 涕 | 唾 |
| | 五魔 | 财 | 贵 | 胜 | 杀 | 淫 |
| | 五常 | 仁 | 礼 | 信 | 义 | 智 |
| | 五神 | 魂 | 神 | 意 | 魄 | 志 |
| 自然界 | 五色 | 青 | 赤 | 黄 | 白 | 黑 |
| | 五味 | 酸 | 苦 | 甘 | 辛 | 咸 |
| | 五时 | 春 | 夏 | 长夏 | 秋 | 冬 |
| | 五气 | 风 | 热 | 湿 | 燥 | 寒 |
| | 五化 | 生 | 长 | 化 | 收 | 藏 |
| | 五音 | 角 | 徵 | 宫 | 商 | 羽 |
| | 五臭 | 臊 | 焦 | 腥 | 香 | 腐 |

## 九、人体脏腑之间的五行生克关系

人体五脏，肝生心，心生脾，脾生肺，肺生肾，肾生肝，上下荣养，昼夜流转，无有始终，无有休息，这是相生关系。同时，肝又克脾，脾又克肾，肾又克心，心又克肺，肺又克肝，依次相克相制，昼夜流转，不使上亢过盛为害。肝生心，肝又克脾；心生脾，心

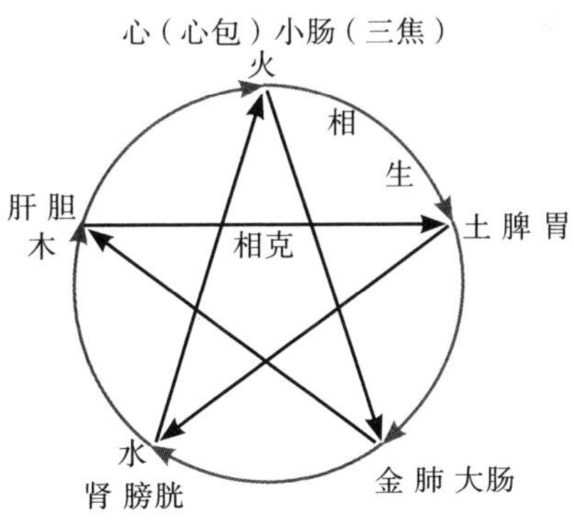


图1-12

又克肺；脾生肺，脾又克肾；肺生肾，肺又克肝；肾生肝，肾又克心，依次升中有克，以防生至太过或不及，从而维持着脏腑相对的动态平衡。

五脏的共同生理特点是化生和贮藏精气，但它们又有其不同的生理功能。

肺主气，司呼吸。诸气者，皆属于肺，肺主宣发肃降，肺为相傅之官，治节出焉。主气一是指主呼吸之气，二是指肺有调节全身气机的作用，即主一身之气。司呼吸是指吐故纳新由肺完成。

心主血脉和神志。主血脉是指心气推动血液在脉络里循环往复，使五脏六腑、四肢百骸得以血液濡养，以维持生命活动。主神志是指心主宰人的精神活动，并维持其余四脏的生理功能，实质上是大脑的功能，中医把它归入心的范围。心者，君主之官，神明出焉。

“气为血之帅，血为气之母”，心血肺气相互依存。若肺气虚弱，宗气不足，气血不畅，循环将产生瘀阻。

脾主运化，主统血升清。胃脾为后天之本，气血生化之源，脾为谏议之官，智周出焉。主运化是指脾有消化吸收、运输水谷精微等营养物质的功能，包括运化水谷精微和运化水湿两个方面。脾统血是指脾有统摄血液运行，不致溢出脉外的作用。脾主升清是指脾气上升，向上运送水谷精微至肺，从而营养全身。

心主血，脾经血，若脾虚气弱，血液不足，脾不能统血，而致心血方耗。《素问·经脉别论篇》说：“脾气散精，上归于肺，通调水道，下输膀胱。”脾肺二脏在统摄人身气机和津液方面有着密切关系。

肝主藏血和疏泄。藏血是指肝有贮藏血液、调节血量和防止出血的功能。疏泄是指肝气本身具有疏展、升发的运动特性，能保持全身气机调畅，对脾胃运化功能、情志变化、胆汁排放、女子月经、三焦疏利等影响较大。

肝与肺多表现在人体内部气机升降方面，如肝气郁结，气郁火化，循经上行，则灼肺伤津。若肺虚不能清肃，燥热内盛，则肝失条达。

肾主藏精，主水液和纳气。肾藏精是指肾对于精气的闭藏，不使其无故流失，对人体的生长、发育和生殖有重要作用，并且有调节人体代谢和生理功能活动的作用。肾生水主要指肾中精气的气化功能，对于体内津液的输布和排泄，维持体内津液代谢的平衡起着主要的调节作用。

心阳属火，肾阴属水，心火必须下降于肾，二者属于“水火既济，心肾相交”的生理关系。若阴阳失调，则心阳不振，心火不能下温肾阴，以致水寒而化。若肾水不足，不能上滋润心阳之火，将会出现心阳亢进。肺与肾主要表现在调和人身水与气两个方面，“肺为气之主，肾为气之根”，若肾气不足，气流而上，肺气虚，则肾不纳气。肺肾之阴液相互滋润营养，肾阴为人身阴液之本。

每天坚持练习八段锦可以增强脏腑的功能。八段锦是周身外导内引的动功，每一式动作的调身如左右开弓似射雕，能够促进心主血脉和肺主气的功能，能促进气血流畅，周运全身。调理脾胃须单举的调身能够提高脾胃的运化功能，有如按摩脾胃的功效。而脾主四肢肌肉，可增强四肢、肌肉运动功能，使水谷精微源源不断地输送和营养全身。两手攀足固肾腰的调身能够促进肝主筋、肾主骨的功能。

## 十、五行与三阴三阳经的井荥输经合穴

表1–2

| 经脉名称 | 井（木） | 荥（火） | 输（土） | 经（金） | 合（水） | 阴经五输穴 |
|---|---|---|---|---|---|---|
| 手太阴肺经金 | 少商 | 鱼际 | 太渊 | 经渠 | 尺泽 | |
| 手厥阴心包火 | 中冲 | 劳宫 | 大陵 | 间使 | 曲泽 | |
| 手少阴心经火 | 少冲 | 少府 | 神门 | 灵道 | 少海 | |
| 足太阴脾经土 | 隐白 | 大都 | 太白 | 商丘 | 阴陵泉 | |
| 足少阴肾经水 | 涌泉 | 然谷 | 太溪 | 复溜 | 阴谷 | |
| 足厥阴肝经木 | 大敦 | 行间 | 太冲 | 中封 | 曲泉 | |
| 经脉名称 | 井（金） | 荥（水） | 输（木） | 经（火） | 合（土） | 阳经五输穴 |
| 手阳明大肠金 | 商阳 | 二间 | 三间 | 阳溪 | 曲池 | |
| 手少阳三焦火 | 关冲 | 液门 | 中渚 | 支沟 | 天井 | |
| 手太阳小肠火 | 少泽 | 前谷 | 后溪 | 阳谷 | 小海 | |
| 足阳明胃经土 | 历兑 | 内庭 | 陷谷 | 解溪 | 足三里 | |
| 足少阳胆经木 | 足窍阴 | 侠溪 | 足临泣 | 阳辅 | 阳陵泉 | |
| 足太阳膀胱水 | 至阴 | 通谷 | 束骨 | 昆仑 | 委中 | |

# 第三节　八卦

八卦有先天八卦和后天八卦之分。先天八卦为伏羲八卦，后天八卦为文王八卦。

## 一、先天八卦

《说卦传》曰：“天地定位，山泽通气，雷风相薄。水火不相射，八卦相错。数往者顺，知来者逆，是故易逆数也。”

凡是在人们头顶上面的为天，凡是在人们脚下的为地。天是人为假设的，也是因为假设了中心，才产生了上下。乾为天，坤为地。山和海洋是相通的，就像人的鼻子和肺相通，人身上的毛孔与身体内部也相通。震为雷，巽为风。风是大气层，大气层发生激烈的摩擦就变成雷电，雷电消散又变成大气层。离为太阳为火，坎为月亮为水，太阳昼出夜伏，月亮夜出昼伏，永远不在一起，也可以说，水多了可以熄灭火，火大了可以把水烧开。“八卦相错”是说把它们摆在平面上相互错开，也就是说，坤卦错乾卦，兑卦错艮卦，巽卦错震卦，坎卦错离卦，阴错阳，阳错阴等。（图1–13）

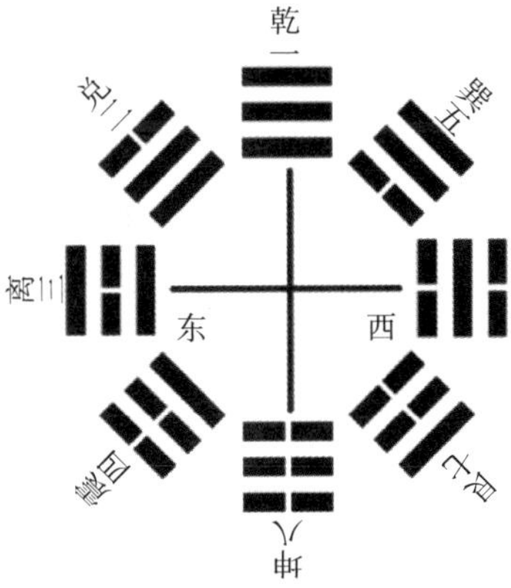

图1–13

先天八卦图应该作为一个立体的球体来看，不可视作平面。但是为了方便述说，还是按其平面图来说。先天八卦图中的数是依据八卦的排列秩序产生的，其数字排法是：乾一、兑二、离三、震四、巽五、坎六、艮七、坤八。如果用线把它们连起来就会形成两条线，一条是自正南乾起走向东南兑，而后是东方离，最后至东北震。这条线就是所谓的天道左旋。而另一条线起自西南巽而走向西方坎，再后是西北艮，终于正北坤。这条线就是所谓的地道右旋。

魏伯阳在《参同契》中说："天地设位，而易行其中矣。天地者，乾坤之象也。设位者，列阴阳配合之位也。易谓坎离者，乾坤二用。二用无爻位，周流行六虚，往来既不定，上下亦无常，幽潜沦匿，变化于中，包囊万物，为道纪纲。"就是说在宇宙中，上有天，下有地，一个太阳和一个月亮组成了我们人世间以及地面上各种生物生命法则。宇宙间的万物总是动静相对、阴阳相生。在我们的身体上就是生命能变成气血，要配合它的部位。太阳、月亮在天体中不停地转动，它无所不到，其光芒和精神无所不在。但我们从不固定，比方看天上不是有太阳就是有月亮。白天有太阳为阳，晚上有月亮为阴，阴静阳动，当我们练功达到"幽潜沦匿"的境界，生命的功能才能发动。这一动一静包括一切万物，乃至于精神和物质世界。

## 二、后天八卦

《说卦传》曰："帝出乎震，齐乎巽，相见乎离，致役乎坤，说言乎兑，战乎乾，劳乎坎，成言乎艮。万物出乎震，震东方也。齐乎巽，巽东南也。齐也者，言万物之洁齐也。离也者，明也，万物皆相见，南方之卦也，圣人南面而听天下，向明而治，盖取诸此也。坤也者，地也，万物皆致养焉，故曰致役乎坤。兑正秋也，万物之所说也，故曰说言乎兑。战乎乾，乾西北之卦也，言阴阳相薄也。坎者，水也，正北方之卦也，劳卦也，万物之所归也，故曰劳乎坎。艮东北之卦也，万物之所成终而所成始也，故曰成言乎艮。"

离南、坎北

震东、兑西

巽东南、坤西南

艮东北、乾西北

图1–14

## 三、洛书

河生图，洛生书。河图是立体图，洛书是平面图。河图为体，洛书为用。实际上河图为体，而体中有用。洛书为用，而用中有体。洛书数为戴九履一，左三右七，四二为肩，八六为足。（图1–15、图1–16）

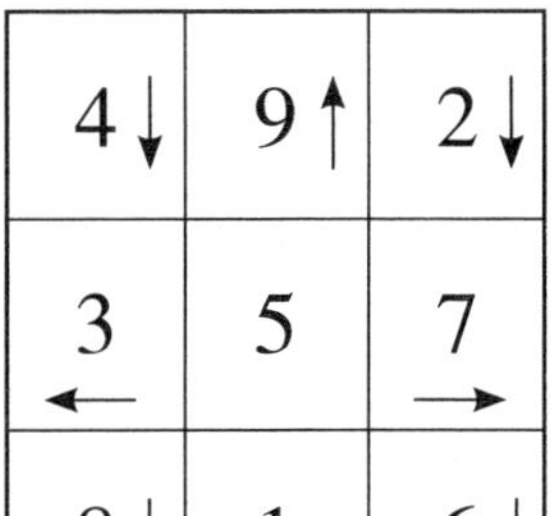


图1–15

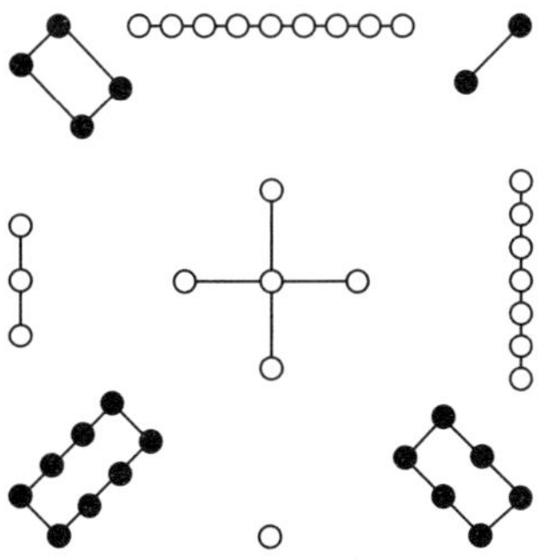

图1–16

## 四、八段锦中的混元桩与洛书

洛书中1、3、5、7、9为阳数，其运动是向上、向前、向外的。2、4、6、8为阴数，其运动是向下、向后、向内的。

九为首，向上，所以要虚领顶劲，八段锦的起势、收势等动作都要求不丢顶。三、七为两肋，要向外撑开，八段锦动作中只有向外撑开，才能更好地锻炼两肋。一为尾闾要向前翘起，尾闾前翘才能打开命门。八段锦中的短暂站桩，都要求尾闾前翘。二、四为肩所以要松向下行。八段锦动作中要求沉肩放松。六、八为足，所以要脚踏实地，力是通过涌泉向下。如八段锦起势中的混元桩，头部正直，百会上领，两臂外旋并向前合抱，而使两肋向外撑开，收腹敛臀促使尾闾前翘，沉肩坠肘而使肩松下行。

## 五、八段锦的缠丝与洛书

在八段锦的起收势、第三式、第四式、第六式中都有缠丝，具体表现在两臂的外旋、掌的翻转及旋臂、手腕的旋转等。其练法也是结合九宫之数。

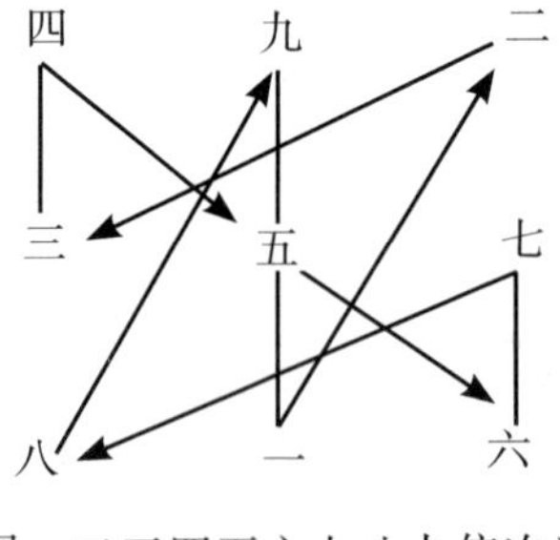


上图一二三四五六七八九依次连接三方的是天地体数的顺序

图1–17

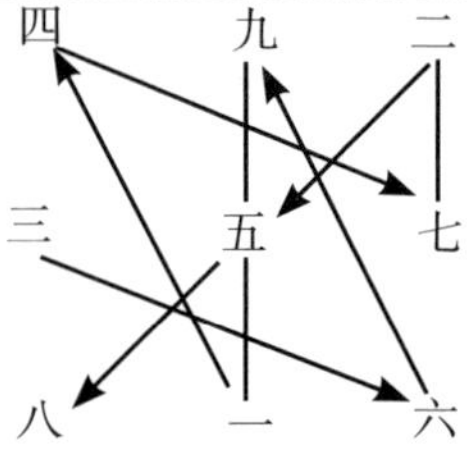


上图一四七、二五八、三六九隔次连接三方的是甲子使用之数的逆行，健身气功·八段锦的内劲方法与此相仿

图1–18

## 六、洛书之数与河图

洛书之数横加、竖加或斜向相加均为15，当其三列递变成两位数相加时，数字的和依然相等。

**先从上往下加：**

43+38+84=165=27+76+62=95+51+19

再从下往上递变两位数相加：

83+34+48=165=67+72+26=15+59+91

递变成三位数依然相等，先从上到下相加：

438+384+843=1665=276+762+627=951+519+195

| | | |
|---|---|---|
| 4 | 9 | 2 |
| 3 | 5 | 7 |
| 8 | 1 | 6 |

图1-19

**再从下往上加：**

834+348+483=1665=672+726+267=159+591+915

同样行横加、斜加也成立。

| 河图数 | | |
|---|---|---|
| 2 | 7 | 4 |
| 3 | 5 | 9 |
| 8 | 1 | 6 |

图1-20

| 洛书数 | | |
|---|---|---|
| 4 | 9 | 2 |
| 3 | 5 | 7 |
| 8 | 1 | 6 |

图1-21

河图洛书之数看似是1、6与3、8未变动，而是2、7与4、9互换位置而成。其实并不是那样的，1、3、5是天数、阳数、生数，是不可动的，周易乾用九即是1+3+5之和，所以易之道是择阳而抑阴，但并不是阳有待而扶，而阴必须去抑治，实际上天地阴阳之理本来就是这样。

从河图的位数说，1合6为7，2合7为9，3合8为11，4合9为13，5合10为15，总数为55，全是阳数。而从洛书之对位数来说，1合9为10，2合8为10，3合7为10，4合6为10，总数为40，全是阴数。而5在其他四位的中央，则纵横上下交错相加都为15，总数为45，全是阳数。洛书之位，一属于北，与河图数相同。一是万数的根本，是不可动摇的。从东往东北，再向东西然后东南，东是一二三四之数，由西北向西，再向西南，然后向南，东是六七八九之数。如把二八两数互易其位递成今日的洛书之数，且把洛书看作九宫图，并用行列式的方法计算，还可以得到一个周天数。

$$360\left(\begin{vmatrix}492\\357\\816\end{vmatrix}=(4\times5\times6+9\times7\times8+3\times1\times2)-(8\times5\times2+3\times9\times6+7\times1\times4)=360\right)$$

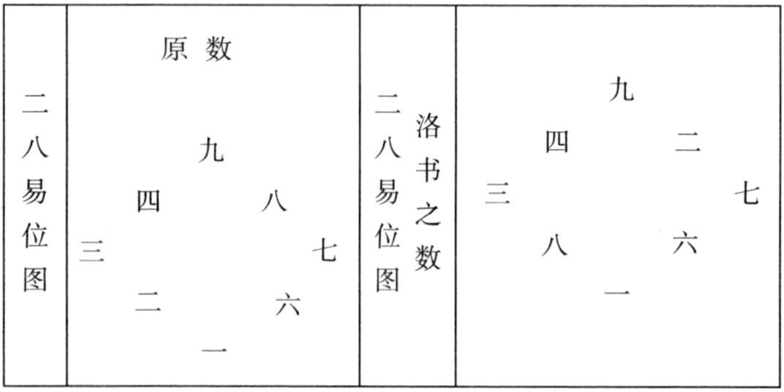


图1–22

此二八易位在先天八卦是巽、震，在后天八卦是坤、艮。而坤、艮在五行皆为土，为五十之数。万物皆归土，成始成终全在于艮卦的位置。

## 七、八卦的取象

《系辞传》认为八卦是仰观天文之象、俯察地理之象、近取人身之象、远取万物之象而制作的。卦象的创立把纷乱复杂的物象简单化、规范化，符合从具体到抽象的认识规律。同时，八卦作为一种抽象符号，又能使人们在生活中运用从一般到个别、从简单到复杂的思维。根据《说卦传》列出八卦取象表。（表1–3）

表1–3

| 卦名 | 乾 ☰ | 坤 ☷ | 震 ☳ | 巽 ☴ | 坎 ☵ | 离 ☲ | 艮 ☶ | 兑 ☱ |
|---|---|---|---|---|---|---|---|---|
| 大象 | 天 | 地 | 雷 | 风 | 水 | 火 | 山 | 泽 |
| 物象 | 马 | 牛 | 龙 | 鸡 | 豕 | 雉 | 狗 | 羊 |
| 身象 | 首 | 腹 | 足 | 股 | 耳 | 目 | 手 | 口 |
| 家象 | 父 | 母 | 长男 | 长女 | 中男 | 中女 | 少男 | 少女 |
| 其他象 | 圜、君王、金、寒冰、大赤、马、木果等 | 布、釜、吝啬、子母牛、大舆、地黑、文、众等 | 玄黄、决躁、马、敷、苍筤竹、善鸣等 | 木、绳直、工白、长高、真人寡发、多白眼、近利市三倍等 | 沟渎、弓轮、心病、耳痛、血卦、隐伏月、盗等 | 日、电、甲胄、戈兵、人大腹、鳖、蟹、龟等 | 经络、小石、门阙、指、狗、鼠、木坚多节等 | 巫、口舌、毁折、附决、地刚卤、妾等 |
| 八卦的象很多，这个表只是简单地列举一二 | | | | | | | | |

## 八、八卦的五行象

五行并不是看得见摸得着的东西，实际上是天地的阴阳之气。水火木金土也有阴有阳、有柔有刚。

乾（☰）五行属金，刚性；坤（☷），五行属土，柔性；艮（☶），五行属土，阳性；兑（☱），五行属金，阴性，兑为坎月之精，天泽明水，太阴真水；震（☳），五行属木，刚性，震得乾阳之初，龙雷之火，太阳真火也；巽（☴），五行属木，柔性；坎（☵）五行属水，阴性；离（☲），五行属火，阳性。以上八卦之五行象共有十个，震兑象有两象，是因为震与兑为阴阳出入的门，是日月来往之路，是五行生化之源。在后天八卦中，坎离震兑居向下位，坎离居先天乾坤之位，震兑居先天坎离之位。

## 九、先天八卦与十四经络

经络是运行全身气血、联系脏腑肢节、沟通上下内外的通路。熟悉经络有利于更好地学练八段锦，提高其健身效果。人体是通过经络把气血输布于脏腑、四肢百骸和诸窍，经络畅通则能行气血、营阴阳，使人体各部分的功能活动保持协调和相对的动态平衡。

根据八卦的五行属性和人体多脏腑的五行属性，我们可以把八卦与多脏腑经脉联系起来。（图1–23）

图1–23

乾卦（☰）纯阳，在人体经络中代表督脉；

坤卦（☷）纯阴，在人体经络中代表任脉；

兑卦（☱）五行属金，代表手太阴肺经，手阳明大肠经；

离卦（☲）五行属火，代表手少阴心经，手太阳小肠经；

震卦（☳）五行属木，代表足厥阴肝经，足少阳胆经；

巽卦（☴）五行属木，相火代表手厥阴心包经、手少阳三焦经；

坎卦（☵）五行属水，代表足少阴肾经，足太阳膀胱经；

艮卦（☶）五行属土，代表足太阴脾经，足阳明胃经。

根据《说卦传》所言：“天地定位，山泽通气，雷风相薄，水火不相射。”据此图我们可得出这样的结论：任督二脉在体内形成一个循环，在道家养生中，也叫小周天。手太阴肺经、手阳明大肠经与足太阴脾经、足阳明胃经形成一个小循环；手少阴心经、手太阳小肠经与足少阴肾经、足太阳膀胱经形成一个小循环；手厥阴心包经、手少阳三焦经与足厥阴肝经、足少阳胆经形成一个小循环。

人体十二经脉中的气血运行也是循环贯注的。具体地讲，十二经脉是从手太阴肺经起，依次传至足厥阴肝经，再传至手太阴肺经，首尾相连，如环无端。（图1–24、图1–25）

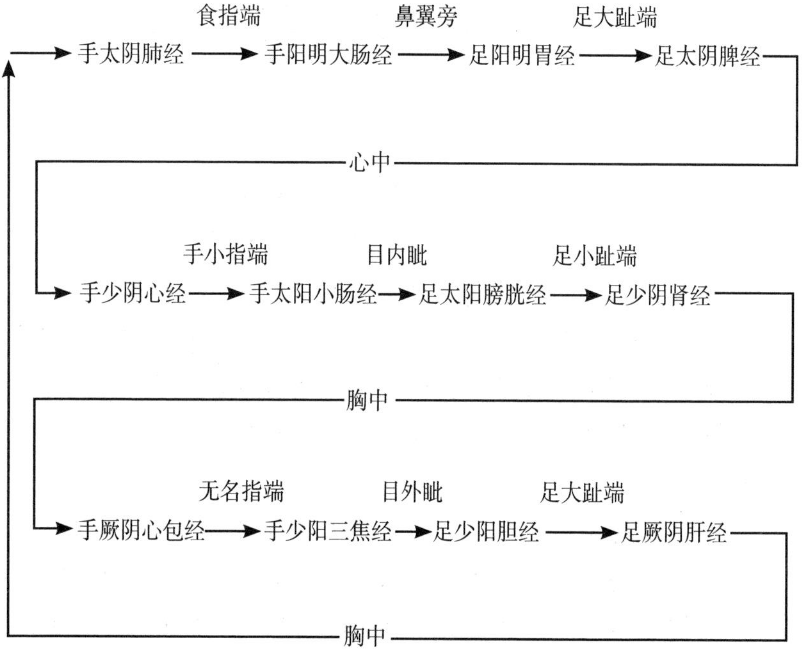


**图1–24　十二经脉循环图**

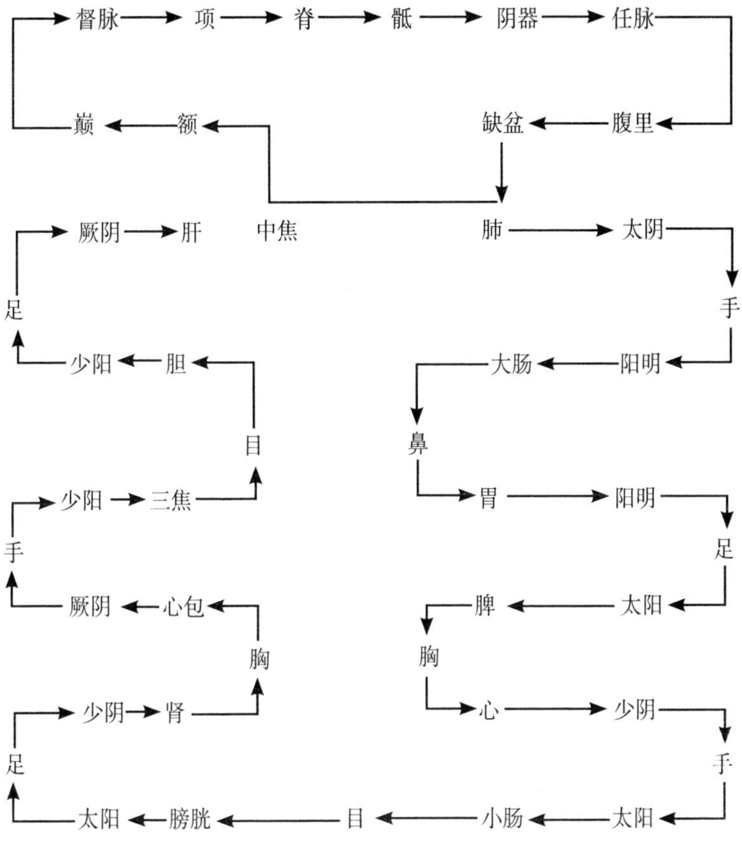


图1-25 十四经络循环图

人体十四经络是气血运行同样成跑圈的循环，其循环终成次序是从手太阴肺经开始，依次传至足厥阴肝经、上额、巅入督脉，经项脊、骶、阴器入任脉，进入腹里，再传至手太阴肺经，首尾相连，阴阳相济，循环往复。

十二经络穴位图[1]及穴歌[2]：

**【手太阴肺经穴歌】**手太阴肺十一穴，中府云门天府列，次则侠白下尺泽，又次孔最与列缺，经渠太渊下鱼际，抵指少商如韭叶。（图1–26）

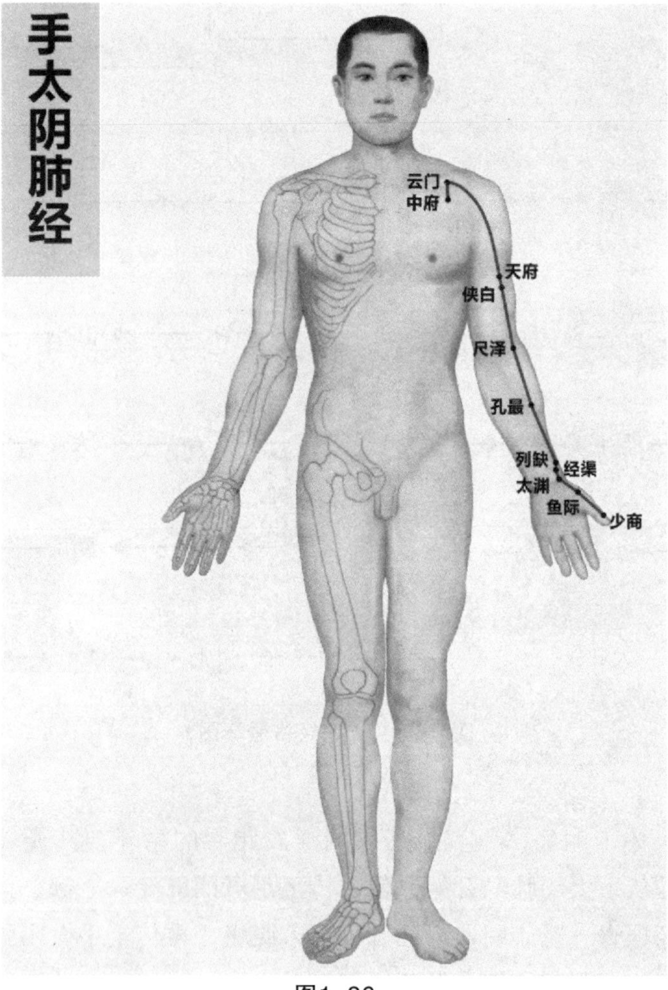


图1–26

［1］国家体育总局健身气功管理中心. 健身气功·八段锦［M］. 北京：人民体育出版社，2018.

［2］个人图书馆. 十二经络穴位歌（附图）［EB/OL］. http://www.360doc.com/content/14/1104/14/535749_422431461.shtml.

**【手阳明大肠经穴歌】**手阳明穴起商阳，二间三间合谷藏，阳溪偏历复温溜，下廉上廉三里长，曲池肘髎迎五里，臂臑肩髃巨骨起，天鼎扶突接禾髎，终以迎香二十止。（图1–27）

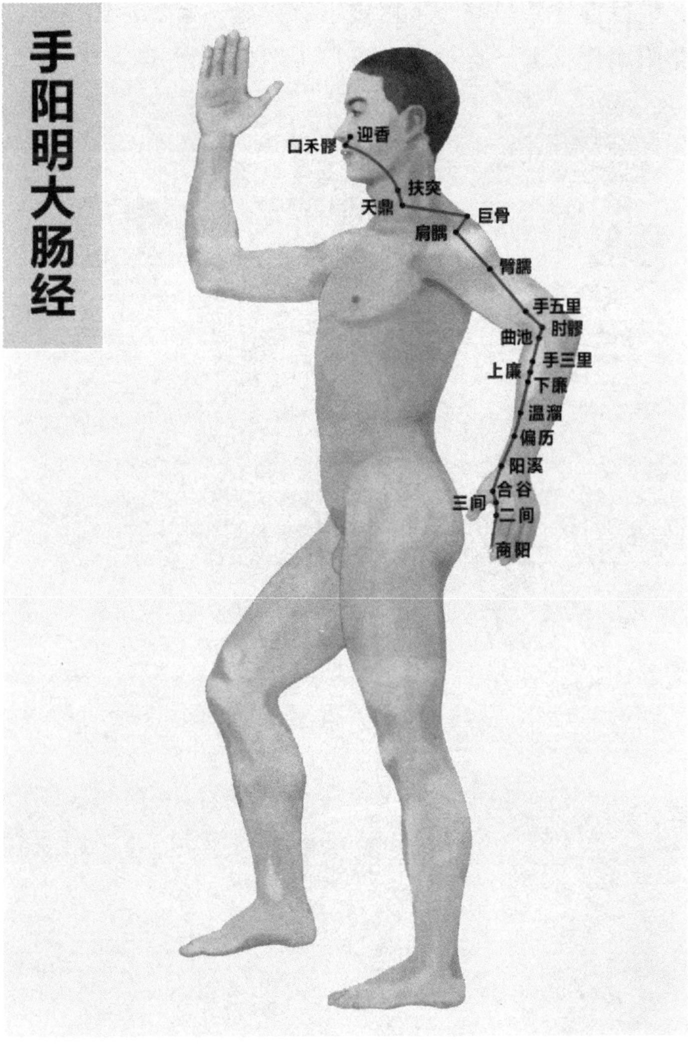


图1–27

【足阳明胃经穴歌】四十五穴足阳明，承泣四白巨髎经，地仓大迎下颊车，下关头维对人迎，水突气舍连缺盆，气户库房屋翳寻，膺窗乳中下乳根，不容承满出梁门，关门太乙滑肉起，天枢外陵大巨里，水道归来达气冲，髀关伏兔走阴市，梁丘犊鼻足三里，上巨虚连条口底，下巨虚下有丰隆，解溪冲阳陷谷同，内庭厉兑阳明穴，大趾次趾之端终。（图1–28）

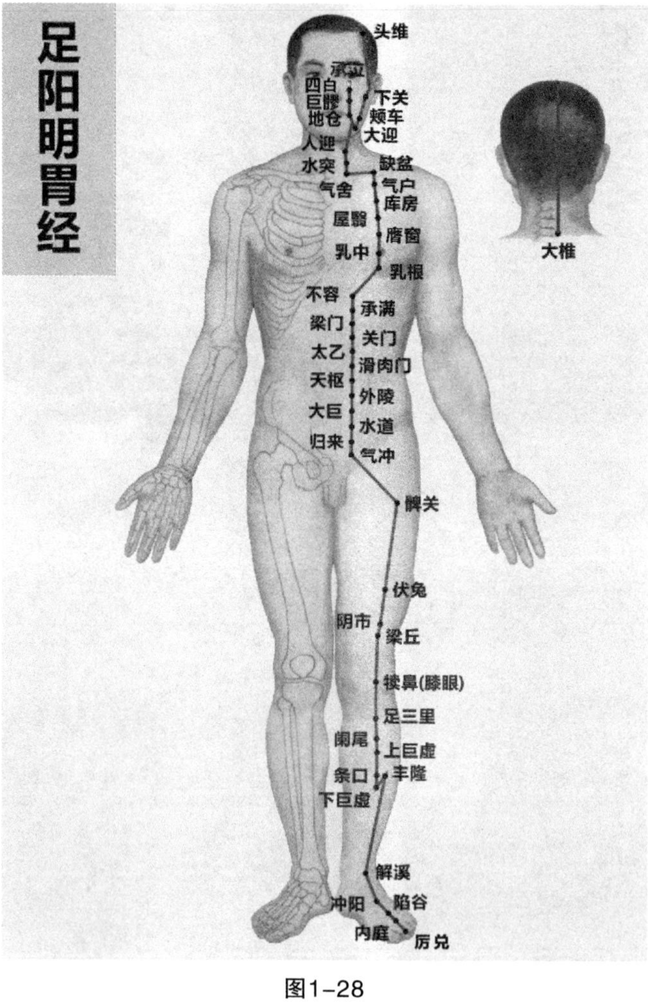


图1–28

**【足太阴脾经穴歌】**足太阴脾由足拇，隐白先从内侧起，大都太白继公孙，商丘直上三阴交，漏谷地机阴陵泉，血海箕门冲门前，府舍腹结大横上，腹哀食窦天溪连，胸乡周荣大包尽，二十一穴太阴全。（图1–29）

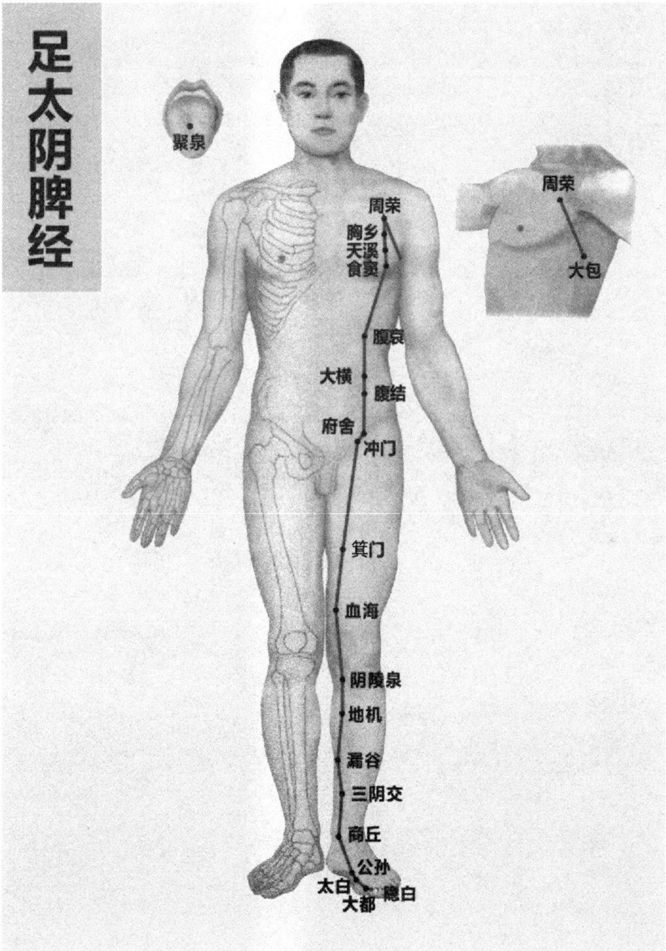


图1–29

**【手少阴心经穴歌】**手少阴心起极泉，青灵少海灵道全，通里阴郄神门下，少府少冲小指边。（图1–30）

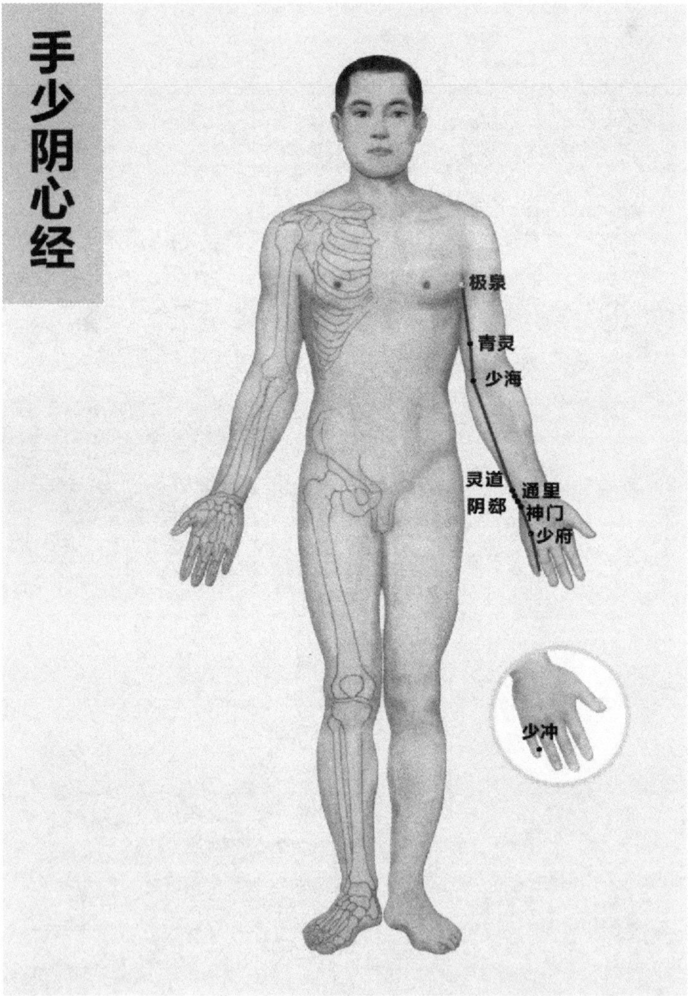


图1–30

**【手太阳小肠经穴歌】**手太阳经小肠穴，少泽先行小指末，前谷后溪腕骨间，阳谷须同养老列，支正小海上肩贞，臑俞天宗秉风合，曲垣肩外复肩中，天窗循次上天容，此经穴数一十九，还有颧髎入听宫。（图1–31）

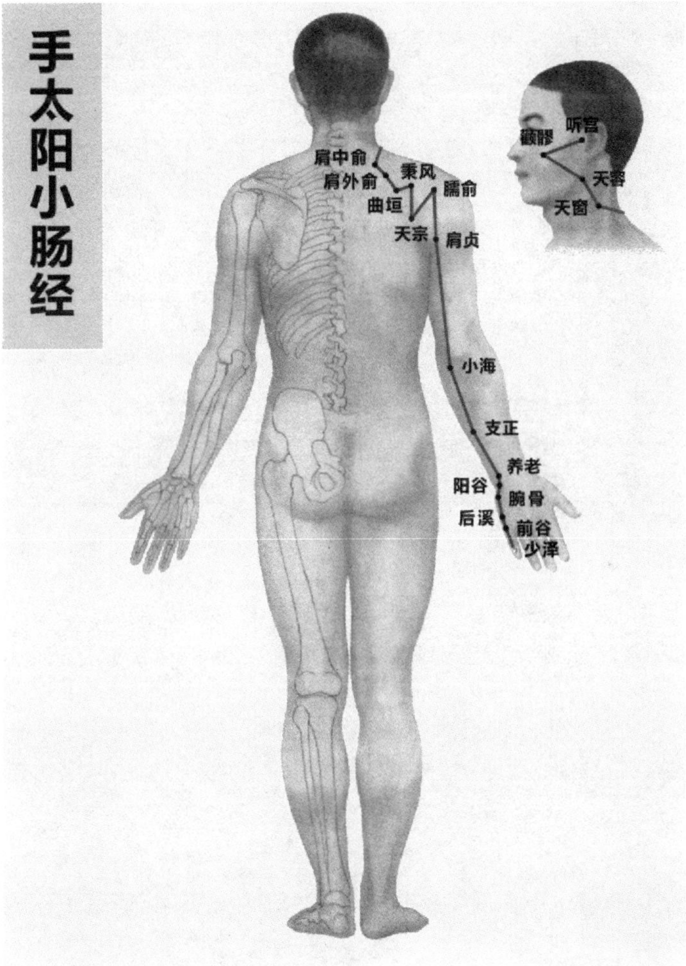


图1–31

【足太阳膀胱经穴歌】足太阳经六十七，睛明攒竹曲差参，眉头直上眉冲位，五处承光接通天，络却玉枕天柱边，大杼风门引肺俞，厥阴心督膈肝胆，脾胃三焦肾俞次，气大关小膀中白，上髎次髎中后下，会阳须下尻旁取，还有附分在三行，魄户膏肓与神堂，譩譆膈关魂门当，阳纲意舍及胃仓，肓门志室连胞肓，秩边承扶殷门穴，浮郄相临是委阳，委中在下合阳去，承筋承山相次长，飞扬跗阳达昆仑，仆参申脉过金门，京骨束骨近通谷，小趾外侧寻至阴。（图1–32）

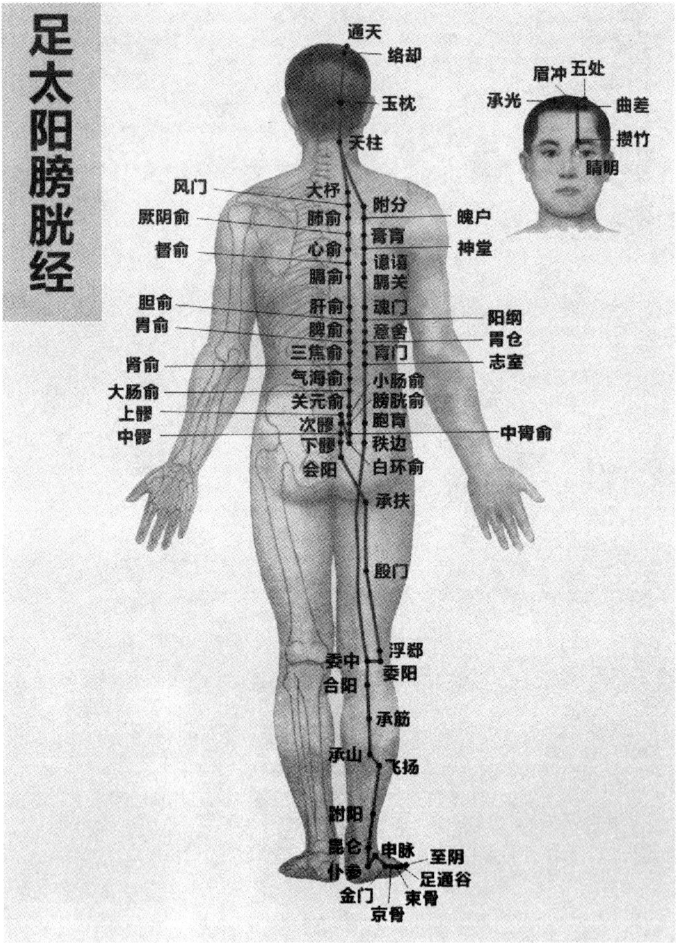


图1–32

**【足少阴肾经穴歌】**足少阴肾二十七，涌泉然谷照海出，太溪大钟连水泉，复溜交信筑宾立，阴谷横骨趋大赫，气穴四满中注得，肓俞商曲石关蹲，阴都通谷幽门直，步廊神封出灵墟，神藏彧中俞府毕。（图1–33）

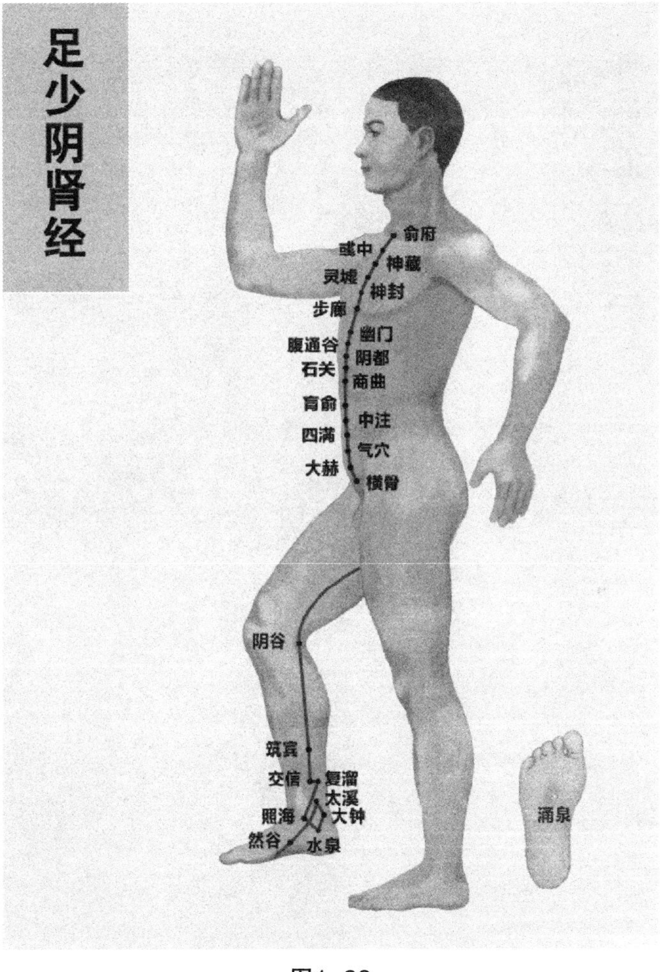


图1–33

【手厥阴心包经穴歌】心包九穴天池近，天泉曲泽郄门认，间使内关输大陵，劳宫中冲中指尽。（图1–34）

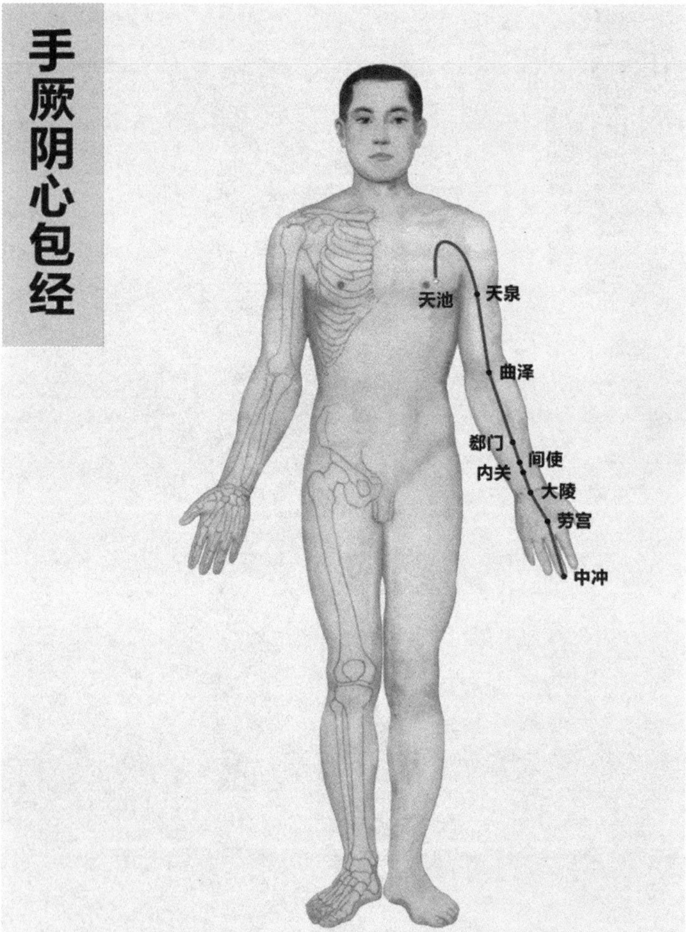


图1–34

**【手少阳三焦经穴歌】**三焦有穴二十三穴，关冲液门中渚涵，阳池立外关支沟续，会宗三阳络四渎，天井清冷渊消泺，臑会肩髎天髎合，斜上天牖到翳风，瘈脉颅息角孙从，耳门再上耳和髎，丝竹空与胆经交。（图1-35）

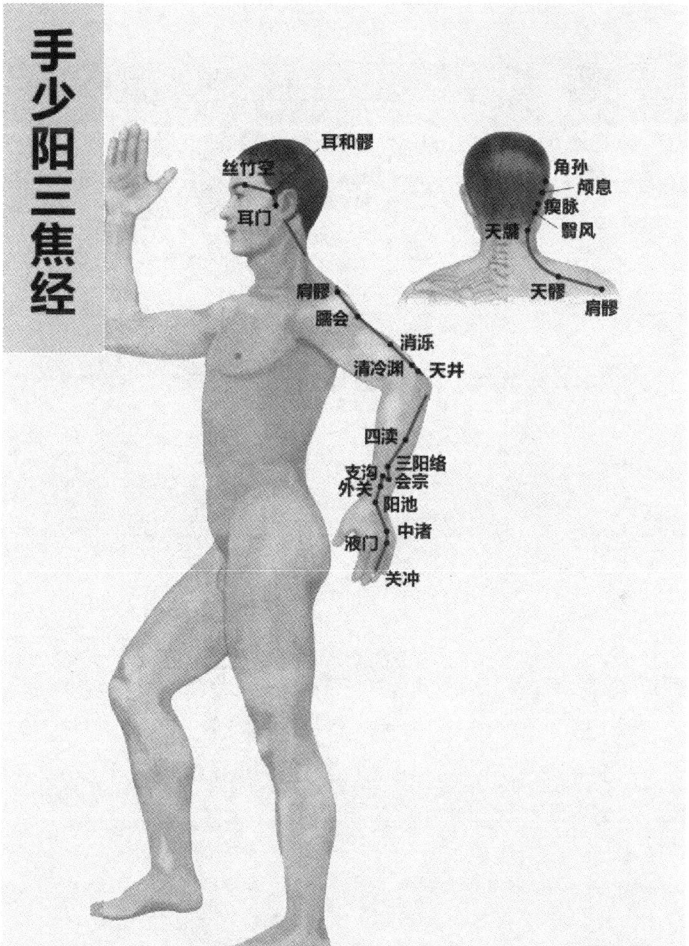


图1-35

**【足少阳胆经穴歌】**足少阳经瞳子髎，四十四穴行迢迢，听会上关颔厌集，悬颅悬厘曲鬓翘，率谷天冲浮白次，窍阴完骨本神至，阳白临泣开目窗，正营承灵脑空是，风池肩井渊腋长，辄筋日月京门乡，带脉五枢维道续，居髎环跳市中渎，阳关阳陵复阳交，外丘光明阳辅高，悬钟丘墟足临泣，地五侠溪窍阴闭。（图1–36）

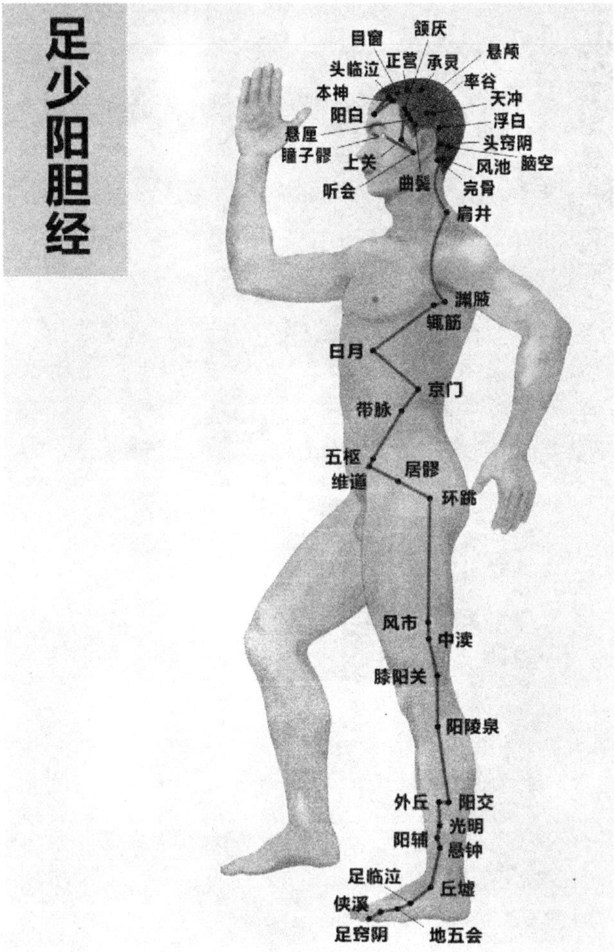


图1–36

【足厥阴肝经穴歌】足厥阴经一十四，大敦行间太冲是，中封蠡沟伴中都，膝关曲泉阴包次，五里阴廉上急脉，章门过后期门至。（图1–37）

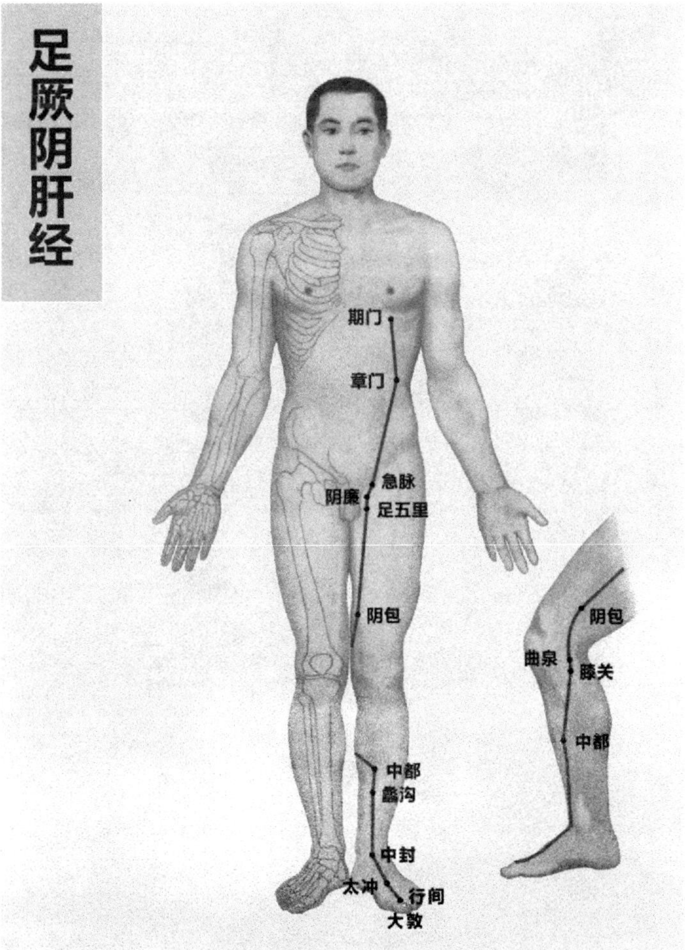


图1–37

任督二脉穴歌[1]：

**【任脉穴歌】**任脉中行二十四，会阴潜伏二阴间，曲骨之前中极在，关元石门气海边，阴交神阙水分处，下脘建里中脘前，上脘巨阙连鸠尾，中庭膻中玉堂里，紫宫华盖运璇玑，天突廉泉承浆止。（图1–38）

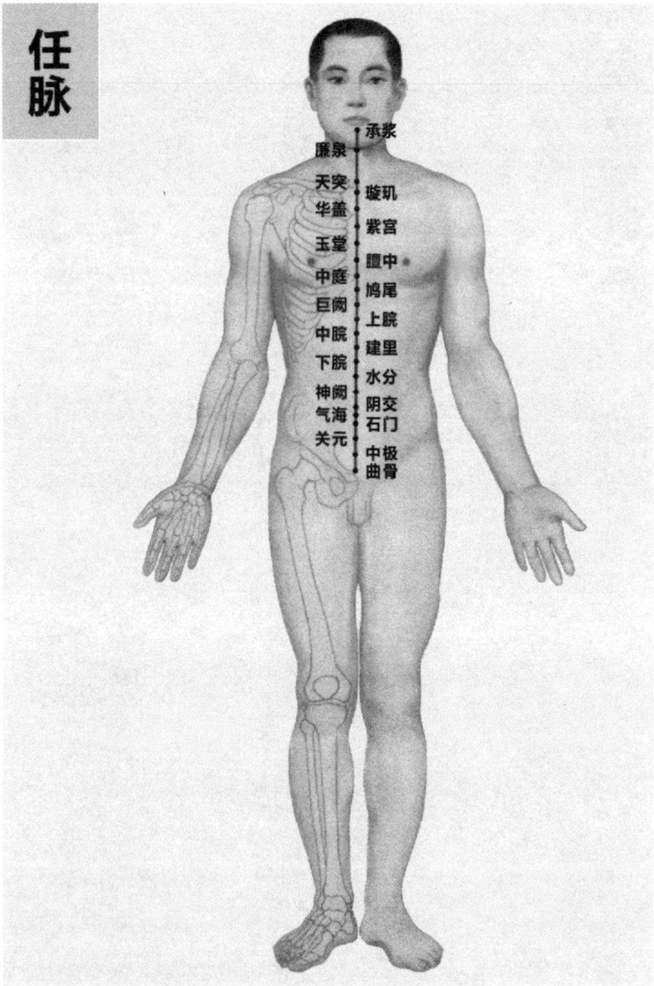


图1–38

［1］个人图书馆. 任督二脉循行路线及歌诀［EB/OL］. http://www.360doc.com/ocument/17/1229/11/5536286_726463845.shtml.

【督脉穴歌】督脉行脉之中行，二十八穴始长强，腰俞阳关入命门，悬枢脊中中枢长，筋缩至阳归灵台，神道身柱陶道周，大椎哑门连风府，脑户强间后顶排，百会前顶通囟会，上星神庭素髎对，水沟兑端在唇上，龈交上齿缝之内。（图1–39）

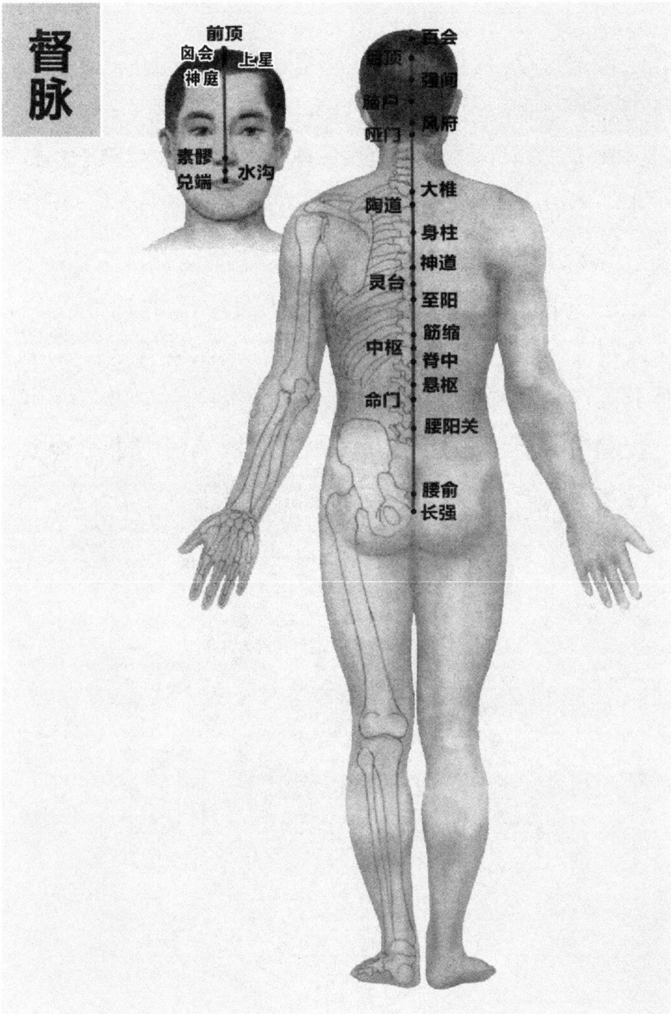


图1–39

# 第四节 十二辟卦

## 一、一年十二月六阴六阳之象

十二辟卦，共六层，中间是空的，中空的外面是十二个卦象，专用名词，叫十二辟卦，也叫作候卦（图1-40）。在时间上讲，一年是个主体，分十二个月，十二个卦分别代表十二个月，再外一圈是卦象，第四圈是阴历的十二个月份，和其相对应的地支，也就是子、丑、寅、卯、辰、巳、午、未、申、酉、戌、亥。最外圈是二十四节气，一年有十二个月，一个月三十天，五天叫“一候”，三候叫“一气”，六候就是“一节”，一年有七十二候，每个月有一个节，一个气，一年十二个气，十二个节，合起来共有二十四个节气。二十四节气与十二地支，对学习八段锦“天人合一”理论具有很好的启示。

一歲十二月六陰六陽之象

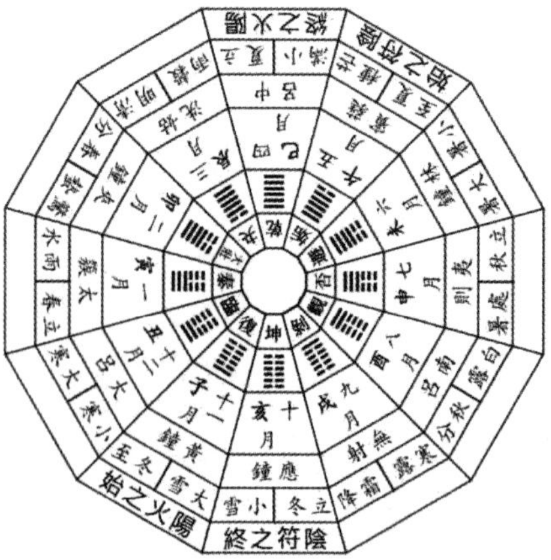


图1-40

## 二、十二辟卦

地雷复（䷗），复卦的内卦三爻是震卦，震代表雷、电，意思就是发电震动的作用。复卦上面三爻是坤卦，抽象的坤卦代表阴，实质是代表大地。复卦是坤卦与震卦的结合。

从卦象上看，上面的五爻全是阴爻，只有下面的一爻是阳爻，阳爻下面发动地下就打雷了，大家都知道宇宙中心万物都有放射作用，太阳的放射会被地球慢慢的吸收。复卦开始，地心吸收的阳能渐渐增多，所以冬天地心是暖的，地球表面是凉的。例如，冬天的井水用手摸是温的，夏天的井水用手摸是凉的，但外面是热的，这是地球的物理作用。所以到了十月是坤卦阴极。

如图1-40所示，每月一个气一个节，等于这个圆的地球在虚空中转动，而气则是地球存在的放射功能，太阳、月亮跟自然界的放射功能是配合的，复卦代表十一月，大雪是节，冬至是气，到了十一月冬至是一阳生，䷗卦最下面的一阳是由阴变阳而成，代表一个阳能开始生长，也因此从养生上讲，我们过了冬至就开始进补了。冬至这个一阳生不是生，是地球吸收太阳的热能进入地球中心，冬至以前是浓缩到极点的状态。到冬至一阳生重新放射出来，地球的热能放射就慢慢上升了。

地泽临（䷒），代表十二月，小寒是节，大寒是气。第二条也变成了阳爻了，这表示地球阳能从地球的中心又上升了一点，所以，临就快要来了。用地支表示月份，子月是十一月，丑月就是十二月。

地天泰（䷊），代表一月，地支为寅，立春是节，雨水是气。立春过后下雨就会多了，地在上，天在下为泰。它是取阳气上升，阴气下降，阴阳二气形成交感。所以泰在八段锦第三式调理脾胃须单举的动作上就是阴掌掌心向上上撑，力达掌根，阳掌掌心向下下按，力达掌根，内里是脾升胃降气机调和，所以调理脾胃须单举的大象是泰卦。

雷天大壮（䷡），外卦是雷，内卦是乾，惊蛰是节，春分是气。泰卦是三阴三阳阳气上升到地面上，所以也叫三阳开泰。大壮卦其外卦的阴爻，第一阴变阳只有两个阴爻在上面，四个阳爻在下面，阳气由地中心进一步上升出来。到二月已经超过了地面，这时候就可以放风筝了，而惊蛰后第一声春雷，雷天大壮冬眠的小动物们也就醒来开始活动了，人们也开始在田间工作了。

泽天夬（䷪），代表三月，地支为辰，三月间，清明节阳气进一步上升，下五爻都是阳，只有最后一爻是阴。“夬”这个字是形容人有一点儿跛脚不便利，实际上“夬”是有一些缺点的意思，因为阳太多只有一个阴，三月的气是谷雨。

乾（䷀），代表四月，立夏是节，小满是气。地球到四月，它所代表的是纯阳，阳气上升到最高。所以我们需要注意到阴历四月地球放射的阳气就升到了极点，白天特别长。

天风姤（䷫），代表五月，五月芒种是节，夏至是气，“夏至一阴生”。一阴生，就是说地球的放射功能此时达到了极点，夏日以后的太阳开始向南，太阳能放射对地球的北半球逐渐减弱。五月地支为午，夏至是一年中白天最长的一天。

天山遁（䷠），代表六月，六月小暑是节，大暑是气。外卦乾是纯阳，内卦艮是二阴了，内在的阳气慢慢地放完了，阴气强盛起来。

天地否（䷋），代表七月，七月立秋是节，处暑是气。否卦阳气往上走，阴气往下行，阴阳二气不交，所以闭塞不通，天地否阴在内阳在外，立秋后处处有阴气。

风地观（䷓），代表八月，八月白露是节，秋分是气。下面四爻都是阴，内在阴气更进一层，外面只剩两爻是阳了。

山地剥（䷖），代表九月，九月寒露是节，霜降是气，阴气的剥削只剩上面一点阳气了。

坤（䷁），代表十月，十月节气是立冬和小雪。天气寒冷了，十月在阴历来讲是立冬，又叫作小阳春。每年十月北方冷的时候，一般会有几天变暖的。冬天是吹西北风的，但十月小阳春可以在转暖的几天中变成东南风，所以才有“诸葛亮借东风”的典故。

十二辟卦，也叫消息卦，根据易经中的道理，消就是慢慢用，直到用完为止，万物的生命过程就是消。生命结束了，不是什么都没有了，那叫作“息”，就是休息，休息就是充电，新的生命又将开始。从复卦到乾卦的变化过程叫六阳上半年，阳气上升就是消，从姤卦到坤卦阳消阴长，就是“息”，阳气阳能慢慢地回到地球的中心休息了，这一消一息之间好像是两样东西，实际上是一样的，用现在的话来讲就是生命能。

一年十二个月，一个月三十天，五天一候，三候一气，六候一节，一年七十二侯，二十四个气节，这都是注定的，一天有十二个时辰，用地支子丑寅卯辰巳午未申酉戌亥表示。在《参同契》中“簇”年为月，“簇”月为日，以此类推，可以说“簇”日为时。一昼夜十二个时辰，可用十二辟卦表示，一年的法则同样可以运用到一个昼夜，昼夜之间太阳早晨出来到晚上落下这个运程就是地球在自转，使得地表一半是明亮的，一半是黑暗的，这种光明与阴暗影响了地球上物理的生命法则，影响着人类的生命。从中医和人体生命来讲，十二辟卦的原理是通用的。辟如，我们人身背脊骨的二十四节，代表一年二十四节气，也等于十二个月。所以当“冬至一阳生”时，尾闾发胀，一路上来，二十四对神经等于一个天梯接起来。《参同契》云：“消息应钟律，升降据中枢。”阳能的发动是一步一步、一点一点来的。这个阳能发动在身上，一消一息“应钟律”，就是对应十二律历的十二个月或十二个时辰，像过节一样，一节有一节的作用。学练八段锦的时机不仅要二十四节气相协调，人身背脊骨的二十四节也要与每式动作相配合。

## 三、六十四卦之变

《系辞传》曰：“刚柔者，立本者也。变通者，趣时者也。吉凶者，贞胜者也。天地之道，贞观者也。日月之道，贞明者也，天下之动，贞夫一者也。”

刚与柔是变通的本体，变通是刚与柔的时用，从上图看乾刚坤柔，其位在上与下，是不变的固定的本体，坤卦初爻变趋于刚，为复，为泰，为大壮，为夬，完全变为乾；乾卦初爻变趋于柔，为垢，为遁，为否，为观，为剥，完全变为坤。乾卦坤卦初爻变一阴一阳之卦各有六卦，都是从复卦、垢卦推演出来的。二爻变二阴二阳之卦各有十五卦，都是从临卦、遁卦推演出来的。三爻变三阴三阳之卦各二十卦，皆自泰卦、否卦推演出来的。而

图1–41

四阴四阳卦各有十五卦，都是从大壮和观卦推演出来的。五爻变五阳五阴卦，都是从夬卦、剥卦推演出来的。纵横上下，反复推演，无所不可无所不通。正如《系辞传》所说的："变动不居，周流六虚。上下无常，刚柔相易。不可为典要，唯变所适。"阳主进，自复卦而左往上升。阴主退自姤卦而右往下降。泰否则从中把阴阳分开。

按照朱熹所说的《参同契》中以乾和坤作为鼎器，坎与离为药物，其余的六十卦为火候，从上图推演人的身体和天地的阴阳相契合。乾为首在上，坤为复居下，离为心火，坎为肾水，所以离在上坎在下。阳起于复卦，自左而上升，由人之督脉自尻循脊背而上，走向头；阴起于姤卦自右而下降，由人之任脉至咽喉循腹胸下行到腹部。上二十卦都是四阳五阳卦，阳气轻则上升效法天；下二十卦都是四阴五阴卦，阴气重浊下降效法地；中二十卦象人，合天地之德，阴阳之交，皆三阴三阳之卦，也是人的手足经脉，各有三阴三阳。乾刚坤柔之理，以及任督脉的走向，对认知八段锦的刚柔特性以及调节气血路线有着重要的作用。

## 四、生命之卦

人的生命，由母亲第一天怀孕开始一直到出生属于乾卦。乾卦这个符号代表生命的完整性，没有男女之分。若以数字而论，男性以八为基数，女性以七为基数。《易经》中"数"只有十个，一增一减就代表一切。单数也叫阳数，有5位为一三五七九，五在中间；双数也叫阴数，为十八六四二，也是5位，六在中间。男用八，女用七，代表着阴中有阳，阳中有阴。《易经》中宇宙万有的现象都是相对的，阴极阳生、阳极阴生这个变化也叫互变。但万变中间有个不变的原则就是道。男性外表看是阳，其实又有玉阴之精；女性本属于阴，但其中又有至阳之精。人的生命出生之前属于内卦的范围，内卦也叫先天。生下来以后，女性以七为基数，男性以八为基数开始计算就是后天。《黄帝内经》曰：“女子二七而天癸至。”是说女孩子十三四岁第一次来月经，就开始不算童子了。男性到二八至，就是十五六岁时开始变成少年。由此，学练八段锦的每一个动作中，都有阴阳的互变，根据学练者自己的年龄，来把握住阴阳变化的“度”。

## 第五节　乾坤坎离

### 一、世间最大的象与人的精气神

我们生活在宇宙间，脚踏大地，抬头便看见天，白天看到太阳从东方升起，晚上看见月亮悬在天上。这就是世间最大的天、地、日、月四个象，也是先天八卦中的天地定位，水火不相射。从象上看，日月在自转的情况下也在围绕地球转，我们练功时的缠丝也是据此而来。现在我们当然明白是地球围着太阳转、月亮围着地球转。

俗话说：“天有三宝日月星，地有三宝水火风，人有三宝精气神”。那么三者到底有什么样的关系呢？我们练健身气功所讲的精气神，拿现在的观念来比喻就是物理上的光、热、力，神就是光，精就是热，气就是力、力量。可以说地球的生命、地球的文化一切靠太阳的光明“神气”所照。地球吸收太阳的光，变成地球的热能。地热由地球中心再上升出来，回转来能够生长万物，所以“神化气，气化精”凝结起来。我们学练健身气功要使青春常在，就要在精气神方面反复的修炼。我们的肉体是有形的东西，练功就是把有形的精，修炼变成有形无形之间的那个气，然后再进一步把有形无形之间的气，修炼回到那个形而上的神光。所以在我们所看到的佛像画图中每个佛背后都有一个光圈，也叫佛光普照。《易经》曰："与天地精神相往来"就是我们在练功时借助太阳月亮在宇宙间放射的功能，与我们自己的气配合起来。当然这个气是指我们的真气，也就是意想或者说是观想与气血的配合。宇宙的精华本来跟人体是相沟通的，所以我们在练功时就可以拿意识与之沟通，这是意气的作用。正所谓"心到则意到，意到则气到"。

## 二、乾坤生六子

乾卦为父，坤卦为母，乾索坤而得三女，而坤索乾而得三男。所说的六子，只是以阴阳之象来说，并不是有形有生命的男女。然而，天地之间有生命的万物没有不具备阴与阳的，所以世间的万事万物也自然合于卦气之说。人为万物之灵，得气最全，人于卦象气数之合更加显著。《素问·上古天真论》曰："女子七岁更齿，二七而天癸至，三七而真牙生，四七体壮，五七始衰，七七天癸竭地道不通。男子八岁更齿，二八而天癸至，肾气盛，三八真牙生，四八满壮，五八始衰，八八天葵竭。"男为阳而起八数，女为阴而起七数。阴阳交错，水火互根。阴阳之用无不以交错而尽其中的奥秘，所以孔子说"八卦相错"。

天葵没有来的时候，都是少男和少女，相对应的是艮兑二卦。在洛书中兑卦数为七，所以女子之数起于七。二七一十四是为少女。七岁更齿对应兑卦的下卦，二七天癸至对应兑卦的上卦。天癸气在脑内，相应兑卦的阴爻在上。天癸来了后，其阴气就会下与心交，任脉开始通，月经便开始了，这时兑卦变成了离卦。从十四岁到二十八岁为中女。三七二十一，真牙生，对应离卦的下卦。四七二十八，身体强壮对应离的上卦。从二十八岁到四十二岁，阴血全归于下，离卦变为巽卦，是为长女。四十二岁以后阴血渐渐变衰到七七四十九岁，则巽卦变成乾卦，女子的月经便断了。在洛书中艮卦数为八，所以少男之数起于八。八岁到十六岁为少男，对应艮卦，艮的阳爻在上，故少男没有肾精。八岁更齿，对应艮的下卦。二八天癸至对应艮卦的上卦。十六岁后天癸到来，则艮卦的上阳爻进入到中爻，遂成坎卦，从少男变成中男，这时肾气变盛，精足溢泄。三八二十四岁真牙生，应坎卦的下卦。四八三十二岁身体满壮，应坎卦的上卦。由五八四十到六八四十八岁，阳气全归于下，坎卦变震卦，为长男。四十八岁后到八八六十四岁，则男人的肾精枯竭，震卦变为坤卦，就不再有生育能力了。当然也有男的六十四岁，女的四十九岁时能进行生育，只是个人秉气雄厚个案而已。凡是练功者，都想返老还童，欲使长男的下阳返还为少男的上阳，所以道家医家有转河车、运辘轱、醒醐灌顶、服药还丹，导引按跷之学说。

## 三、从乾坤两卦说卦气

在六爻卦中，初爻二爻为地，三爻四爻为人，五爻上爻为天，天地人三极分开，但主在人极，天地之气以人而通，阴阳之道以人而和。孔子赞《易经》“立人之道”，以合乎天地之正。在河图中，三是东方之数，是太阳升起的地方，四是西方之数，是太阳落下的地方，是说太阳月亮的运行规律是天之道，易经六十四卦分上下、阴阳。奇偶之数也取之于乾坤，乾阳坤阴是阴阳的根本所在。而阴阳之道又备著于日月，日月又为坎离，是阴阳的性命，而其枢要都在三四人爻中。（图1–42）

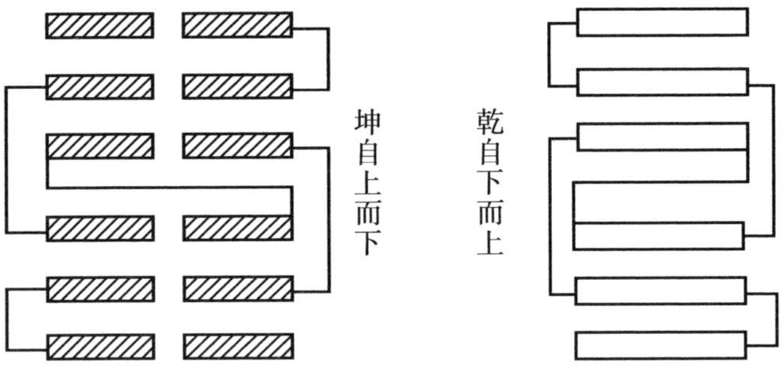


图1-42

天地人六爻往复，天上地下，在三四人爻中回转，而上下天地爻乃往复不穷。这是因为乾坤六爻上下应位，二四、三五爻同功异位，同时也是俗话所说的隔辈亲的道理。练功者应当仔细参悟学练八段锦真气通行的道理。

## 四、阴阳顺逆中数不变

天地之数有体有用。其体为一三五七九，二四六八十，全为顺数，而其用则为阳顺阴逆。在河图中说，天一生水地六成之，地二生火天七成之，天三生木地八成之，地四生金天九成之，天五生土地十成之，则有一六、二七、三八、四九、五十相合。（图1-43）

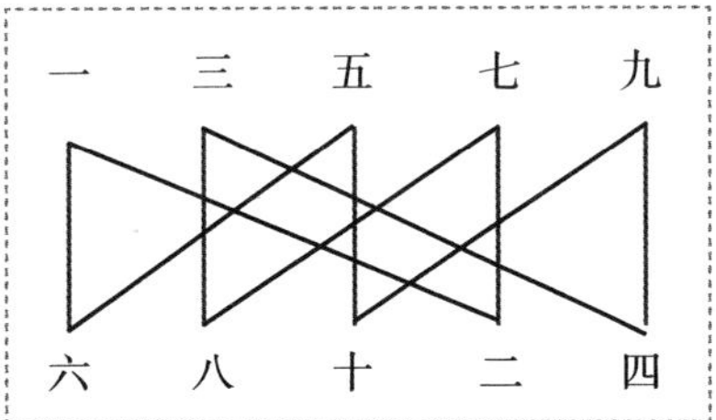


图1-43

《文言传》曰："乾乘六龙以御天。"言乾九坤用，阳数阴用就是所说的"乾元用九，乃见天则"。《说卦传》

曰："《易经》逆数也。"说《易经》之用全在坤中体现。阳数而用阴，所以皆逆。上图以一三五七九阳数乘六即得六八十二四之阴数。其中垂直直线为一六、二七、五十、三八、四九之相合之数。其左右相交之线则为一与二、三与四、五与六、七与八、九与十，若以四相乘一三五七九，则也得四二十八六之序。（图1-44）

| | | | | |
|---|---|---|---|---|
| 一 | 三 | 五 | 七 | 九 |
| 一四得四 | 三四十二 | 四五二十 | 四七二十八 | 四九三十六 |
| 四 | 二 | 十 | 八 | 六 |

图1-44

无论如何变，四二十八六顺序不变，五十居中不变，而"中"对练功者极为重要，比如学练八段锦都要求身形中正。

## 五、六爻卦的中与正

六爻卦由两个三爻卦组成，上面的三爻卦叫上卦、外卦；下面的三爻卦叫下卦、内卦。我们以水火既济卦加以说明，从下往上数为初爻、二爻、三爻、四爻、五爻、上爻。其中初、三、五为阳位，二四上为阴位。下卦第二爻为中，上卦第五爻为中。当阳爻在阳位时为正，阴爻在阴位为正，否则为不正，既济卦中二爻为阴爻处阴位，既中且正，五爻阳爻在阳位既中且正。（图1-45）

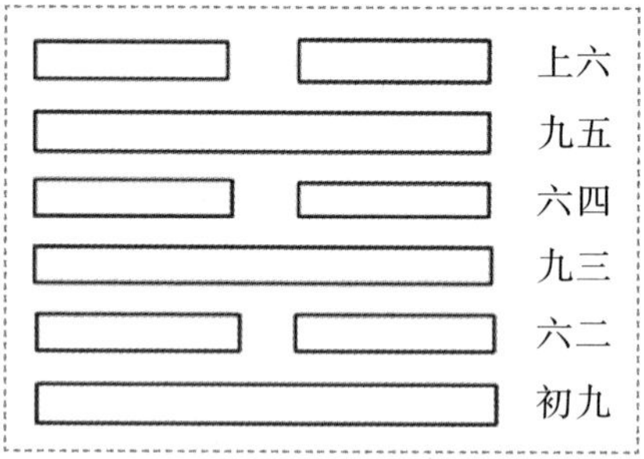


图1-45

在六十四卦中也只有既济卦每爻都当位，这是每个人在练功过程中从象上所追求的"中正"。

《易经》道尚中说过，凡过乎中者，无论是大过还是小过，都是因进退变化而求合乎于中。

在《易经》中，“中”有虚实两个意思，一是实者有形，是以所处位置言之，是说卦的第二与第五两爻，如上面所说的既济卦。二是虚者无质，是以一卦之主的意义而说的。因为一个卦的主爻有时在二五，有时不在二五。象比卦（䷇）其主爻为第五阳爻，同人卦（䷌）其主爻为第二阴爻，主爻不在二五之中。复卦（䷗）以初阳为主爻，小畜（䷈）卦以四阴为主爻，主爻不在二五之中，所以说“中无定在”。以二五为中的象是天平的倚点，居正中，其重心与中心在同一位置。不在二五之中的，象是秤杆的倚点，要看重点与受力点比例之差，求出其受力点与倚点之间的距离。重点与倚点距相等之处即是中心所在。练功时其偏正马步过渡中，重心转移过程中可以体会出。如八段锦起势的开步过程、第一式转为第二式的过程等。

## 六、乾易坤简与方圆

在人文世界里，乾代表男，坤代表女。乾坤只是个代号而已，而从形而上的角度来说乾是宇宙万物从哪里来的那个东西，从现代科学来说就是“生命的能”。能发动了以后，它就构成了物质，物质的代号就是坤，这就是《系辞传》中所说的“乾知大始，坤作成物”。《易经》的道理，过去人们所谓的三易就是不易、变易、简易。后来有人又加上“交易”，宇宙万物有一个不变的原理就是不易，而实际上《易经》的道理是“交易”“变易”。世间一切的变化都是从交互中来的，变化之中有交互，交互之中有变化，从变化交互中看到万物的复杂性。易数奇圆偶方，而阴阳互为其根。有象则有数，象数不分离。其中道理非常地奥妙，而又极象简易。

在一到十天地之数中，除了一这个数可圆可平可立，本体不变外，十即返还为一，用与数一相同。在其余的八个数中，只有数四与数九（二的平方为四，三的平方为九），可天然成方，可方可立方。二三五六七八本数都不能成其它数的平方，自乘之后可得方。无论任何数，其平方就是一个面的面积，其立方和是六个面围成的体积。数虽有千变万化，但一六之体是不会发生变化的，所以从数一开始，到数六为终就能包含容纳万物之数。乾九坤六，乾圆坤方，而乾九之数以圆而方，坤六之数以方易圆。这就是乾与坤的分界点，也是阴与阳的区别。数七为圆，数八为方，八的方而有九虚在其中，但其积仍然为九。七为圆，而七是在六个圆内，其周长仍然为六。圆必须以六个半径相等合成另外一个大圆，其周边才能接触密切。合上中间空出的圆为七个圆，这样才接触密切而无缝隙。八的方即是把中间那块虚起来，而四周边也相等。（图1–46）

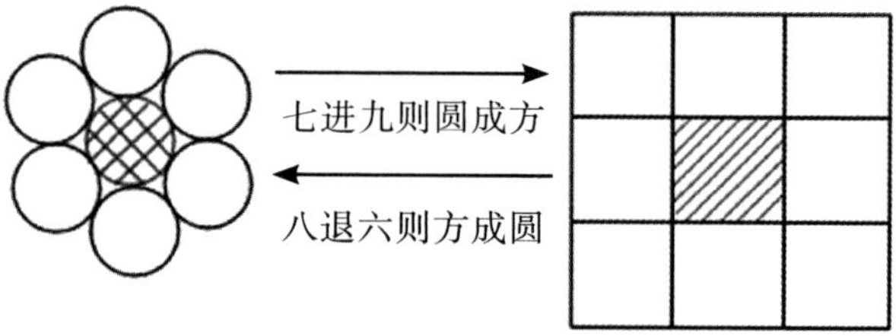


图1–46

七阳数的象为圆，而八阴数的象得方形。所以说阳生于阴，阴出自阳，阴阳互为其根。这也是乾（☰）坤（☷）变化为坎（☵）离（☲），而太阳与月亮之精相互藏其内。

《管子》曰："心生规，规生矩，矩生方。规与矩，皆生于心。天地万物之情，莫能越乎此规矩之外。"是因为，先有天地然后才有万物，充盈在天地之间的也只有万物，万物的数都是天地的数。然而万物的数不是人人都明白的。人是万物之灵，数是以人的心动而产生的。物无穷无尽，数也无穷无尽，而人心也无穷无尽。《易经》用象来表示数，用象的辞来推演数。乾坤坎离震巽兑艮，也是代表数的符号。而《易经》的数是根植于心的，象也是，由心造的，有理有气。只要心念不动，其数便无可显现，从而也无法推测其演变，所以说圆为心、方为意。圆方互容。（图1–47）

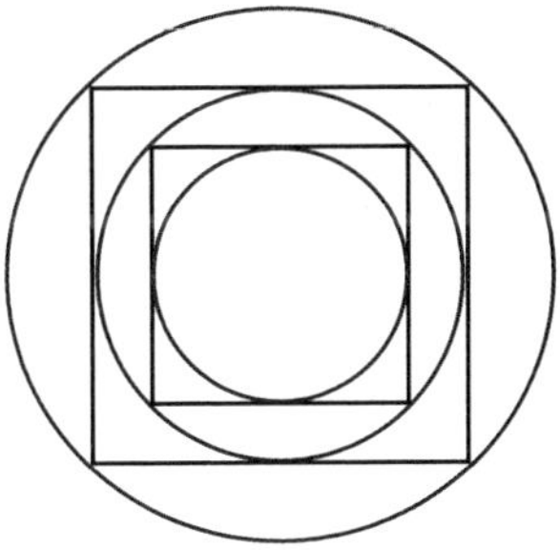

图1–47

圆为心，圆内可以容方，以一个圆包含了方的四个边。人以心想为自身行动的准则和法度，无论人的身体和心思是作为还是不作为，都自然而然地具备四气和万物变化之理，而自己的官体是听从自己心思的命令行动的，这就是圆容方的象。即使有感于外界万物的变化而行动或出现情欲的冲动，其根本还是由自己的心思而产生的。行动会根据自己的心思而动作，不会出现任何偏差。实际上，作为心思的本体仍安然像无事发生一样，这就是方又容圆的象。圆容方，象在感受到万物而发生变动之后，而又在表现行动于外之前。方容圆，象在最初当向外做动作之际，犹如用自己的心思为镜将所行动照在里面分毫不差。方圆之理对学练八段锦也有很好的启发，比如双手托天理三焦，两手交叉上托形成"方"型，转化为两手分开划弧形成的立体"圆"等，在两者的转化过程中，方中有圆，圆中有方。

## 七、方圆与乾坤坎离

我们在说十二辟卦时看见变化是从下开始往上走的，但是一切变化以中爻为主。等于一个人内心的中心思想一旦有变，慢慢外面的事实也变了。例如，乾卦纯阳之体，中爻一变为阴，就变成了离卦；坤卦纯阴之体，中爻一变为阳就成了坎卦。《参同契》曰："处中以制外。"是说一切都是你自己心的观念，心念一动，身体感受和生理都会起变化。这是我们从心意的角度讲的一面，而从练功的角度来讲坎（☵）中实，实为方，离（☲）中虚，虚为圆。坎卦外虚而内实，似为外圆内方，而离卦则是外实而内虚，似外方内圆。我们练功所说的抽坎填离实际上就是方圆虚实之变化。即抽坎（☵）之内实，以填离（☲）之内虚。坎卦内的实被抽后成虚，坎卦内外皆虚演变成坤卦（☷）纯阴；坎中之实被抽填至离卦的内虚之中，离卦则内外皆实演变成乾卦（☰）纯阳。抽坎填离是阴阳开合的虚实转换，主要表现在承上启下及动作的转化过程中。

在健身气功·八段锦的动作中，有刚有柔，刚柔相间。刚性动作主要有"双手托天理三焦"中闭气上托；"左右开弓似射雕"的马步拉弓；"调理脾胃须单举"的上撑下按；"五劳七伤往后瞧"转头旋臂；"攒拳怒目增气力"的冲拳与抓握以及"背后七颠百病消"的脚趾抓地与提肛等。而柔性贯穿全套动作的始终，柔者为圆，刚为方，刚柔方圆，相生互变。无柔不能运化，无刚不能发放。在做八段锦的过程中，其动作往复运行，蓄势发放与呼吸紧密相连，以触柔化为圆，以刚劲逼为方。圆以应变无穷，方因圆藏于无形。刚柔无迹，阴阳无端，方圆无形。

## 八、中气与外形

老子在《道德经》中说："天地之间，其犹橐龠与?"橐是用布缝制的袋子，龠是用竹子做的七孔或九孔的笛子，橐龠合起来代表风箱。手一推拉起来就可产生空气，代表人来搧火。所以橐龠就代表一动一静、一开一合、一来一回之间的这个功能。在静的时候什么都没有是空的，只要一动之后，一开一合就有一股动能出来。在一开一合中结合调息，增强"中气"运行与运转。

《参同契》曰："牝牡四卦，以为橐龠。"就是宇宙之间这个生命的大象。是说乾坤代表宇宙天气，坎离代表太阳月亮，太阳月亮的运转形成了人世间的白天黑夜，有动相、静相，这个动能我国道家称作气。古人有诗云："悟到往来唯一气，不妨吴越与同丘。"是说宇宙万有生物生命的生死就是一股气的作用，活着为了争口气，闹意见闹矛盾也是这口气的作用，吴国和越国是敌对国家，死后这口气上不来了，就算是埋在一起又有什么关系呢?

但古人和道家讲的气并不是空气或大气层中的气。一是父母给予自己的先天之气，写法为"炁"，无火之为炁，是生命的本能。二是吃了东西后所吸收的五谷营养之气，繁体写法为"氣"。三是呼吸的空气。在中医学中，人们又把气分为元气、宗气、营气和卫气。这和上面说的三种气并不矛盾，只是分类不同而已。中医学中的元气实际上就是"炁"藏于肾中，肾为先天之本。而在上焦的宗气是营养之气和肺吸入空气中的氧气的混合气，而营气卫气就是人体吸收的五谷之气，只是在人体中营气分布于血液和脏腑组织之内，卫气分布于人的体表中而已。

一年中有二十四个节气，每个月一个节一个气，这个节就是过节，气叫作中气。我们练健身气功需要注意这个气的发动，即气机的运行。《说卦传》说“坎为血卦”而未说气是什么卦，是因为血可看见，而气不能看见。但从《说卦传》中我们知道乾为圆而坤为方，坎为隐伏则离为光明，由此推测血气不能偏废，气血者人身之阴阳也。

中气由心而生，实出于肾而随意行。中气向外发散，随着意念向外膨胀。练习健身气功・八段锦，气行于身体之内，形状表现于身体之外，而气注内不注外，只能以气催形，形是为气奠基础。内劲不催，外形岿然不动。中气通行于骨缝之中，充于肌肤之里，释放于身体之外。刚劲即中气，气之充体，则柔韧性较强，无坚不摧，随曲就伸。健身气功所说的小无内大无外，是指意气而言，非指形体，气虽向外释放，但在释放中也有向内收敛之意，放收需要并行而施，内外相互对流、相对运动。只有蓄劲常存，才能中气不竭，其蓄与发全由心生，而身体形状只是其蓄发的导体而已。

健身气功・八段锦的肢体动作只不过是意的外部表现，而隐含于内的则是内气的活动过程，显于外的则是神态和外气动荡的表现。在练功过程中，我们不可只顾想气在体内如何运行，而要把意注入动作中，否则就会神态呆滞，气不仅不能通畅，还会造成气势散漫的病象，使意气两者均蒙其害。因此，在练功过程中，首先，我们要将内在的意识贯注于外部动作中，并促使在动作上表现出注意力的专一、坚强和活泼无滞。其次，我们知道人在正常的情况下，神经系统不可能长时间保持兴奋，会呈现起伏状态，这就需要我们在练功过程中要稳定注意力，不使思想开小差。但是，在练功过程中长时间维持同样强度的注意力是不容易做到的。实际上，即使在片刻之间，注意力的动荡度也有高低之分。因此，在运动过程中，如果争取风平浪静式的无动荡的运动，不仅违背人的生理规律，同样也会破坏注意力的稳定性。所以，我们要根据八段锦的快慢相间、方圆相生、刚柔相济、开合相寓等要求做动作，并使它们流于一个运动之中。这样久练之后，便会产生只要思想上想到某一部位，就可产生气的活动。

## 第六节　人体与节卦

### 一、节卦与人体的六大关系

中国自古以来以干支纪日，从甲子开始，六十刚好一圈，而节卦在卦序中排在第六十。节卦《大象传》曰："泽上有水，节。"上卦为坎，下卦为泽，是一个水库蓄水之象。

如果把节卦的六爻自下而上与人体的踝、膝、胯、腰、椎、颈六大关节相对照，健康之人则严丝合缝地对上，反之，则会出现各种病变。初九阳居阳位是足踝，立足一定要稳，脚下不能虚，也就是说踝关节是阳居阳位，坚实有力。只有立足稳，脚底的涌泉穴才能吸收地气。九二对应的是膝关节，阳居阴位，刚而能柔，柔才能够屈伸。但膝关节一定要坚实，所以是阳爻。柔能屈伸，居阴位。不会走路的小孩子，因膝关节不能坚实，只能在地上爬，很多老人走不动，要拄拐杖或坐轮椅，就是这个第二爻出现了问题，不是骨质疏松就是转动不灵。六三六四是腰胯的部位，"转腰松胯"练功者都明白这个道理，六三是阴爻居阳位，所以胯坚实而可松动。六四，阴爻居阴位，所以腰部可以转动。更重要的部分就是节卦的第五爻位——脊柱，脊柱必须中正，而且阳居阳位。脊柱是人体的中枢部位，一有问题，便会影响人们的健康。脊柱一旦偏离椎体中心位置，其他位置再正也没用，因为人的脏腑都挂在不正的梁上，会极大地影响人的脏腑功能。更何况九五又处在上卦的坎险之中，所以脊柱的修炼尤为重要，在八段锦的后四个动作中都有针对性地修炼脊柱。上六是颈关节部位，阴居阴位，前瞻后顾非常灵活，如果颈关节僵直就会产生很多毛病，如脑萎缩、颈椎病等。在八段锦中第一式双手托天理三焦的仰头、第六式两手攀足固肾腰的微抬头、第二式左右开弓似射雕以及第五式五劳七伤往后瞧的转头，都对颈椎进行有效地修炼。从节卦与人体关节的分布对照，我们可知节卦是标准的健康状态。因为关节最容易出现问题，任何“节”的地方，用久了难免出现松套、易位或出现“藏污纳垢”的增生。所以，人必须对其进行调养、锻炼。

## 二、人体的三盘、三节

人体分为上中下三盘，上盘为首、中盘为躯干、下盘为双腿。三节为根节、中节和梢节。

人体结构中有“端”有“中”，根节梢节谓之端，根梢之中节为之中。练习健身气功·八段锦追求“端实”而“中空”，空则虚灵，善柔多变。根节、梢节要活，中节要空，中空即中松，空松则灵、则畅、则速、则清逸。做动作处处围绕着“中”在运行，身体各部位也各有其中，缠旋、屈伸等转移皆不失其中，失中则涣散。

身体躯干以腰为中。腰是上下形体的分界线，腰以上为上节，腰以下为下节，上节为阳。顶劲要往上领，接上天之阳气，而气向下沉入丹田，下行于脚底，与地下灵气接通，上领下沉、上下争夺，使腰身放长，脊柱放长，脊椎放松，腰部旋转灵活，筋肌舒展气血畅通。胳膊分三节，手为梢节，肩为根节，肘为中，肘活尤显手灵，肩活则显示整个胳膊灵活。手掌分三节，指为梢节，掌根为根节，掌心为中，缠丝要围绕掌心进行。如八段锦中的起收势、调理脾胃须单举、攒拳怒目增气力等动作中的缠丝。腿为三节，脚为梢节，胯为根节，膝为中，膝灵则显腿灵。脚分三节，脚趾为梢节，脚跟为根节，脚心为足节，脚心空起落则轻灵，如背后七颠百病消及各动作中的开步等。横向以脊柱为中心，分左右。每个定势动作，各局部都向方位无形之“中”合住劲。混为一体，形成一个圆弧形。以“端”为实，以“中”为虚，实随虚转，走弧形以换虚实。

## 三、肢体伸长以增加弹性

顶劲虚领，是把顶劲向上虚领起，气沉丹田是把气向下沉入丹田，两者综合起来，在意识上就有向相反方向拉开的意图，这就使身躯有了放长的感觉，如八段锦中的调理脾胃须单举，一手上托天，一手下按地，百会虚领，气沉丹田。含胸拔背要求胸部既不腆出，也不凹进，使胸成为脊背拔长的支柱，脊背就依靠这个支柱来拔长。沉肩的主要作用是将臂部与肩部因下塌而接牢。臂与肩接牢，才能使臂生根。同时，由于坠肘，使肘与肩部之间达到放长。当手臂进行缠丝运动时，就是以坠肘为中心，同时，坠肘和坐腕又可以使肘与腕之间放长，因此，沉肩坠肘和坐腕使整个手臂放长。在八段锦功法动作中处处遵循着沉肩坠肘和坐腕的要求。这个（两条）腿是站立在地面上的，要想放长就比较困难。因此，对腿部提出了开胯屈膝的要求，要求在这种特定的姿势下用旋转式的运动来变换虚实，这主要表现在膝头的旋转上。这样，当腿部向外旋转时，使外侧处于收缩而内侧为放长。这种腿部的旋转，配合着手臂身的旋转，成为全身的旋转，逐步上升。肌肉在受力时，可有一定程度的伸长，但当引起伸长的外因去掉后，它就立刻恢复原状，这是肌肉本身固有的弹性。对一般常见的运动，就是运用这种方法锻炼和提高肌肉的弹性。

## 四、六合

学练健身气功·八段锦，也要做到“外三合”与“内三合”，全身才能形成一个整体。“外三合”即手与脚合、肘与膝合、肩与胯合。如从八段锦的并步站立开始，以一种桩功的形式体现“外三合”。从八段锦动作的协调性讲，肢体的开合、快慢转换分别是一致的。而从运动轨迹上看，这“外三合”肢体的运动又是相对的。“内三合”即心与意合、意与气合、气与力合。如八段锦中的攒拳怒目增气力，做到了“内三合”全身方能左右相合、上下相随、阴阳相权，进一步促进“外三合”。左虚则右实，右虚则左实。前虚后实，前阴后阳，前松后敛，上虚下实，下合固而上松灵。

## 五、腰脊带头，内外相合的节节贯穿

在八段锦练功过程中，为了达到一动全动，必须以腰脊为中心。腰是身体左右平行转动的中轴，脊是上下弯曲的根基。八段锦的每一式既要一动全动，那么在运动线路上就不能单纯地左右平旋，也不能专在上下、前后做弯曲动作，必须将腰脊联合起来，使运动的路线形成一条既是左右，又是上下、前后的空间曲线以建立一动全动的基础。也就是说只有以腰脊为中心，才能使全身主要关节依次贯穿起来。练功时，劲起于脚跟，通过踝关节环绕着小腿上升到膝关节，再由膝关节旋转上升，环绕大腿到胯关节，能够做到没有丝毫的间断就是下半身的节节贯穿。也就是说，要练节节贯穿，不仅在关节上动，而且应使整个腿环绕上升而动。若不经大小腿而单由踝、膝、胯等关节，则属于由一节飞跃到另一节的动，这是一种“零断劲”。只有肌肉与关节齐动，经过大小腿而上升的劲，才是真正的“贯穿劲”。

练习八段锦首先要求外部颈、腰、踝、肩、肘和腕关节能先后贯穿地运动起来，这样才能使内脏产生按摩作用。所以在练功过程中切不可这几个关节动，而另外几个关节不动。那么，怎样才能做到各个关节依次节节俱动呢？大家都知道，腰与脊居于人身体的中部，它们具有天然中轴的功能，正因为有了这个中轴，双手才能运用离心力和向心力的统一性，做到“动之则分，静之则合”。

人们在日常生活中的动作对关节的影响是不平均的，各个关节中转动最易且最多的是腕关节，转动最小最少的是脊柱。而八段锦动作中的节节贯穿却与此恰恰相反，要求脊柱放长并且动作要大些，这一要求贯穿八段锦的每个式子中。在运劲时，必须由腰脊作发动机，以腰脊为中心。在意识的作用下，我们运用具有倾斜度的离心力来发动动作（如八段锦中的起势），才可以自然地把劲运用到腰脊上。虽然是因离心力使两个胳膊同时螺旋地分开，但又因为俩胳膊相系，在侧开中还寓有收合的内劲，这是属于全身的开中寓合。由于不是直开直收，使手臂也就具有螺旋式开，这是肘合腕开与腕合肘开的开中寓合和合中寓开。前者是全力的开合相寓，后者是手臂的开合相寓。这种全身与手臂的开中寓合和合中寓开，乃是阴阳的具体表现。

# 第二章　易理与调心

调心是健身气功·八段锦的灵魂，并统摄着调身、调息。所谓调心就是调节意念，是指练功者在健身气功·八段锦锻炼中，对自我的精神意识、思维活动进行调整和运用，以达到练功的要求和目的。调心是八段锦具有的主要功能之一，不同于心理治疗及一般体育项目的心理意念，八段锦的意念就是学练者的动作意念与思维活动的统一。练功要求入静，使大脑思维杂念相对减少，大脑处于兴奋与抑制状态，从而有利于调节高级中枢神经系统的功能。在练功过程中，如何使意念、思维比较集中，形成一种主动的、有条理的和单一的意念、思维活动，是练功中切实要解决的问题。

## 第一节　意识的物质性

意识的物质性既是科学的问题，也是哲学的问题，只有用马克思主义的辩证法唯物论加以阐述才能得以圆满地解决。意识的物质性对正确认知八段锦的“调心”有一定的意义。

### 一、马克思、恩格斯对唯心主义和唯物主义的阐述

恩格斯说，世界是神创的呢，还是从来就有的？哲学家依

照他们如何回答这个问题而分成了两大阵营。凡是断定精神对自然界来说是本原的，从而归根到底承认创世说的人，组成唯心主义阵营。凡是认为自然界是本原的，则属于唯物主义的各种学派。除此之外，唯心主义和唯物主义这两个用语本来没有任何别的意思，它们在这里也不是在别的意义上使用的。唯物主义的自然观不过是对自然界本来面目的朴素的了解，不附加以任何外来的成分。

## 二、马克思、恩格斯对意识物质性的论述

恩格斯说，物质的运动，不仅是粗糙的机械运动、单纯的位置移动，它是热和光、电压和磁压、化学的化合和分解、生命乃至意识。

运动就一般意义上来说，就它被理解为存在的方式、被理解为物质的固有属性来说它包括宇宙中发生的一切变化和过程，从单纯的位置移动起直到思维。

运动是物质的存在形式，因而不单纯是物质的属性。

马克思说，思维和存在虽有区别，但同时彼此又处于统一中。表明意识是物质运动诸多形式的一种，是物质存在的一种形式。八段锦的“调心”是一种意念、意识，也是物质的。

## 三、恩格斯、列宁、毛泽东对意识是物质的一种形式的论述

恩格斯说，研究什么是思维和意识，它们是从哪里来的，那么就会发现，它们都是人脑的产物，而人本身是自然界的产物，是在自己所处的环境中并且和这个环境一起发展起来的。这里不

言而喻，归根到底也是自然界人脑中的产物，并不与自然界的其他联系相矛盾，而是适应的。

列宁说，心理的东西、意识等是物质的最高产物，是叫作人脑的这样一块特别复杂的物质的机能。

毛泽东在20世纪30年代《辩证唯物论讲授纲要》《矛盾论》《实践论》中指出，用彻底的唯物论见地来看意识这种东西，意识是物质运动的一种形态。意识是物质的产物，是物质发展之一形式，是一定物质形态的特性。仅在有高级神经系统的动物体，才具有认知过程的能力，即具有自内反映或领悟这些过程的能力。吾人神经系统中的客观生理过程，是用它之内部取意识形式的主观表现相随而行的。凡就本身论是客观的东西，是某种物质的过程。它对于具有头脑的实体却同时又是主观的心理行为。这种思想的物质是有特别质地的物质，这种物质随着人类社会中言语的发展而达到高度的发展。这种物质具有思想这一种特殊性质，这是任何别的物质不具备的。……感情和意志的行为，不是具有重量和伸张性的东西，意识同重量伸张等是同一物质之不同的性质，这种特殊性，同客观的神经作用过程不可分离，但又不与这过程相同，把这二者混同起来，推翻意识的特殊性，这就是庸俗的唯物论的观点。

在学练八段锦时，要重视“调心”技术，毕竟，它也是物质运动形态之一。

## 四、物质观

恩格斯说，当我们说到存在……我们所说的一切对象是存在的、实有的。

世界的真正的统一性是在于它的物质性。

列宁指出，物质是标志客观实在的哲学范畴，这种客观实在是人通过感觉感知的，它不依赖于我们的感觉而存在，为我们的感觉所复写、摄影、反映。

物质这个概念在认识论上……指的只是不依赖于人的意识并且为人的意识所反映的客观实在，不是任何别的东西。

物质的概念除了表示通过感觉感知的客观实在外，不表示任何其他东西。

物理的世界是不依赖人的意识而存在着的。在人出现以前，在任何人们的经验产生以前，老早就已存在。

一般唯物主义认为真实的存在不依赖于人类的意识、感觉、经验等。

历史唯物主认为社会存在不依赖于人类的社会意识。在这两种场合，意识都不过是存在的反映。

八段锦的“调身、调息、调心”的健身功能是建立在它们的物质性方面，因有物质性，才能更好发挥健身养生的作用。

## 五、哲学的物质观与科学的物质观的区别

科学的物质观，就是用现代的科学技术手段对客观存在的物质进行结构、特征上的揭示。而哲学的物质观，它是客观存在的，是先于人类存在的，但能够被人们所认知的。

毛泽东指出，哲学的物质观同自然科学的物质观是不相同的。物质就是说的离开人的意识而独立存在的整个世界……那么这种说法是永远不起变化的，是绝对的。自然科学的物质观则在于研究物质的构造，例如，从前的原子论、后来的电子论

等，这些说法是随着自然科学的进步而变化的，是相对的。

区别哲学的物质观与自然科学物质观是彻底贯彻哲学唯物论方向的必须条件。

辩证唯物论的物质观，正是以多样性去看物质世界的统一。这种物质观，对于物质由一形态转化到另一形态之永久普遍的运动变化这一种事实，丝毫也没有矛盾。

以电子、原子、分子、结晶体、细胞、社会现象、思维现象——这些都是物质发展种种阶段。

科学研究的深入，各种物质形态的发现，只是丰富了辩证法唯物论的物质观的内容，哪里还会有什么矛盾？区别哲学的物质观同自然科学的物质观是必要的，二者有广狭之别，然而是不矛盾的。区别哲学的物质观有利于认知八段锦的传统、现代练法，并为科学研究八段锦提供思路。

## 六、唯物主义与唯心主义对立性的范畴

列宁说，物质与意识的对立，也只是在非常有限的范围内作为对立的唯心主义和唯物主义之间如何进行划线分割，才有绝对的意义，仅仅承认什么是第一性的和什么是第二性的这个认识论的基本问题范围内才有绝对意义，超出这个范围，这种对立无疑是相对的。

毛泽东指出，物质和意识的对立，只是在认识论的领域才有意义。如果超出认识论领域把两者对立起来，无疑是违背了辩证法。

综观伟人从以上方面的论述，便得知“精神是一种特殊物质”“是人脑的产物”，而物质是在“人类出现以前它就存

在了”。“物质是永久与普遍的”，而意识这种特殊运动形态，仅是物质运动诸多形式之中的一种。毛泽东不仅明确了意识是一种特殊的物质，而且指出这种特殊性，同客观的精神活动作用过程是不可分离，但又不与这过程相同，是客观的东西，……又是主观的心理行为。这应该是从精神这种特殊物质的“体”的层面而言的。主观反映客观，讲的是……心与外物的关系，则是以精神这种特殊物质的“用”的层面而言的，这是对该特殊物质辩证唯物论哲学的一体两面的完整表述。这对理解八段锦的“调息”中的“一意驭两气”有较好的指导意义。

## 七、中国与西方现代生命观的区别

中国古典生命整体观认为，应当把人的生命看成天人合一的，精气神三位一体的，以五脏为核心的有机体。而天人合一的“一”字在《说文解字》中的解释为：“惟初太极，道立于一，造分天地，化成万物。”由此来看，天人合一的“一”是被喻指为混沌无差别的状态，而不是简单的天人相合或单纯的天人感应，更不能把“一”理解为单纯的数字。而西方现代医学的解剖学、组织学，对形的研究虽然相对深入，但忽略了“神”，神经生理学强调了人体内外环境变动产生的信号在神经系统内的传输过程以及中枢系统对这些信号的反应；忽略了“神”在整个过程中的主导与能动作用；心理学研究了人的情绪和行为及其有形的神经系统的联系，至于“气”则毫无所知。因而尽管这些方面的研究相当精深，但由此而得到的关于人的生命认知，却滞留在表面、零散的层面上。中国对人体各部细节的研究虽不如西方医学精，但它却从整体上反映了人体生命运动的规律。宋明之儒学论“心是气之精爽者”，在八段锦体练中得到大量的认证。同时，正确认识中国与西方现代生命观，对国外传播八段锦有一定的现实意义。

## 八、三层物质理论假设

三层物质理论假设是江西中医药大学特聘教授庞鹤鸣于1994年提出的，以《智能气功科学精义·主动用意识》为题，由国际文化出版公司1994年第一版刊登出，并通过其团队在基础物理实验和人体应用中所证实。

宇宙物质结构三层理论假设认为：宇宙由三个层面的物质组成。第一层面的物质具有质量、能量和信息三特性，而且以质量为主要存在形成的，这是实体物质；第二层面具备能量和信息，而且以能量为主要表现形式的，这就是场的性质，如电场、磁场、引力等；第三层面的物质简称气，是以信息为主要表现形式的，能量、质量不明显，属于这一层次，意识是一种以能量和质量为隐态形式，以信息为显态形式存在的物质，它具有主动性、选择性、聚散性、穿透性等特征。

三层物质可以相互转化。第三层面的物质集聚可以生成第二层面的物质，第二层面的物质“能”集聚可以生成第一层面的物质，同样第一层面的实体物质可以转化成第二层面的物质“能”或第三层面的物质“气”。这一过程可以是自然进行，也可以通过意识的作用发生转化。这与我们所说的“神化气、气化精”相吻合。

## 第二节　天干地支

天干代表太阳系统中天体的相互干扰，就是太阳的放射能同地球的关系；地支代表月亮跟地球关系的放射作用及节气的关系作用。了解天干地支对理解八段锦的理论及追求学练功效有一定的意义。

### 一、天干

天干也称“十干”“十天干”“十母”，为甲、乙、丙、丁、戊、己、庚、辛、壬、癸的总称。古代也用其来表示年、月、日、时的序。十天干中属阳性的干称为“阳干”，即甲、丙、戊、庚、壬。十天干中属阴性的干称为“阴干”，即乙、丁、己、辛、癸。

#### （一）天干配阴阳

甲、乙同属木，丙、丁同属火，戊、己同属土，庚、辛同属金，壬癸同属水。再配以阴阳，则甲为阳木，甲木代表生长的原素，代表生发的物理。乙为阴木，乙木是成形了的代表，代表成形的物质。丙为阳火，丙代表火的原素，丁为阴火，代表成形的火，戊已、庚辛、壬癸也是如此。戊为阳土，己为阴土；庚为阳金，辛为阴金；壬为阳水，癸为阴水。

## （二）天干化合

天干化合又称“天干五合”。十干两两相合，共分五组，甲己合化土，乙庚合化金，丙辛合化水，丁壬合化木，戊癸合化火。甲乙为木，戊己为土，木克土，甲为阳木，乙为阴木，戊为阳土，己为阴土。甲、乙为兄妹关系，戊、己为兄妹关系。若想使木不克土，便用“和亲”来处理，将己“嫁”给甲，形成甲己合化土，其他以此类推。

## （三）天干配方位

从河图我们知道，甲、乙居东方，丙、丁居南方，戊、己居中央，庚、辛居西方，壬、癸居北方。（图2–1）

| | | |
|---|---|---|
| | 丙丁 | |
| 甲 | 戊 | 庚 |
| 乙 | 己 | 辛 |
| | 壬癸 | |

图2–1

## （四）天干配季时及人体内脏

甲、乙属春，丙、丁属夏，庚、辛属秋，壬、癸属冬，戊、己属长夏。

阳干配腑，阴干配脏。甲为胆，乙为肝，丙为小肠，丁为心，戊为胃，己为脾，庚为大肠，辛为肺，壬为膀胱，癸为肾。天干与十二经脉相配歌曰：“甲胆乙肝丙小肠，丁心戊胃己脾乡，庚属大肠辛属肺，壬属膀胱癸肾脏，三焦亦向壬中寄，包络同归入癸方”。

## 二、地支

地支也称“十二支”“十二地支”，别称“岁阴”“十二辰”，是古代表示年、月、日、时的符号，为子、丑、寅、卯、辰、巳、午、未、申、酉、戌、亥的总称。

### （一）地支配阴阳

十二地支中，属阳性的支称为“阳支”，即子、寅、辰、午、申、戌。十二地支中，属阴性的支称为“阴支”，即丑、卯、巳、未、酉、亥。

### （二）地支配五行

寅、卯同属木，巳、午同属火，丑、辰、未、戌同属土，申、酉同属金，亥、子同属水。依其阴阳大小不同又可分为：寅为初生之木，卯为极盛之木，辰为渐衰之木；巳为初生之火，午为极盛之火，未为渐衰之火；申为初生之金，酉为极盛之金，戌为渐衰之金；亥为初生之水，子为极盛之水，丑为渐衰之水。

### （三）地支配方位

寅、卯居东方，巳、午居南方，辰、戌、丑、未居中央，申、酉居西方，亥、子居北方。一说子在北，午在南，卯

在东，酉在西，丑、寅在东北，辰、巳在东南，未、申在西南，戌、亥在西北。（图2-2）

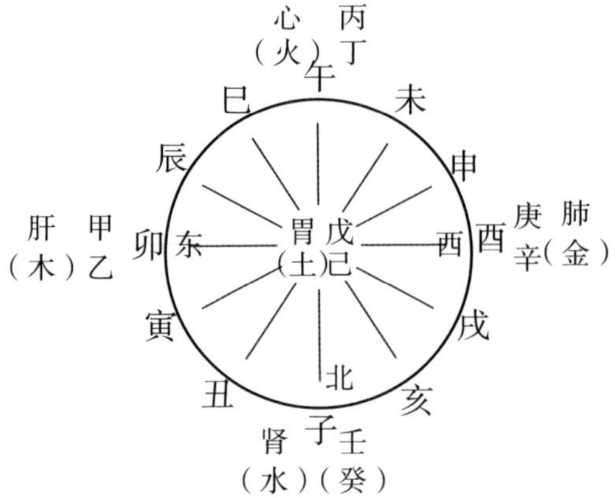


图2-2

## （四）地支配四季时

寅、卯、辰为春，巳、午、未为夏，申、酉、戌属秋，亥、子、丑属冬，一说寅、卯为春，已、午为夏，申、酉为秋，亥、子为冬，辰、戌、丑、未为长夏。

## （五）地支配月建

夏历正月建寅（正月为寅月），二月建卯，三月建辰，四月建巳，五月建午，六月建未，七月建申，八月建酉，九月建戌，十月建亥，十一月建子，十二月建丑。所以一、二月为木，四、五月为火，七、八月为金，十、十一月为水，三、六、九、十二月为土。

### （六）十二地支配十二时辰

古代将一日分为十二个时辰，二十三时至一时为子时，一时至三时为丑时，三时至五时为寅时，五时至七时为卯时，七时至九时为辰时，九时至十一时为巳时，十一时至十三时为午时，十三时至十五时为未时，十五时至十七时为申时，十七时至十九时为酉时，十九时至二十一时为戌时，二十一时至二十三时为亥时。

### （七）地支配人体内脏

地支与人体内脏相配，阳支配腑，阴支配脏。两者相配是通过经络流注而实现的。十二经流注时序歌："肺寅大卯胃辰宫，脾巳心午小未中，膀申肾酉心包戌，亥三子胆丑肝通"。（图2-3）

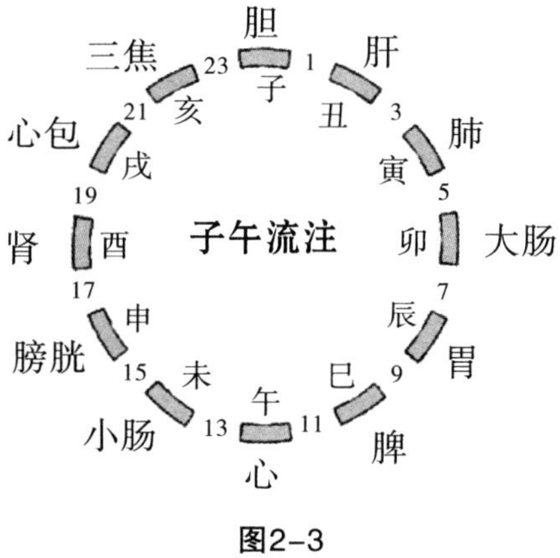


图2-3

## （八）地支相合

地支相合，又称“地支六合”“六合”。指地支之间的相互和合。十二地支中两两相合，共得六组，子与丑合，寅与亥合，卯与戌合，辰与酉合，巳与申合，午与未合。（图2-4）

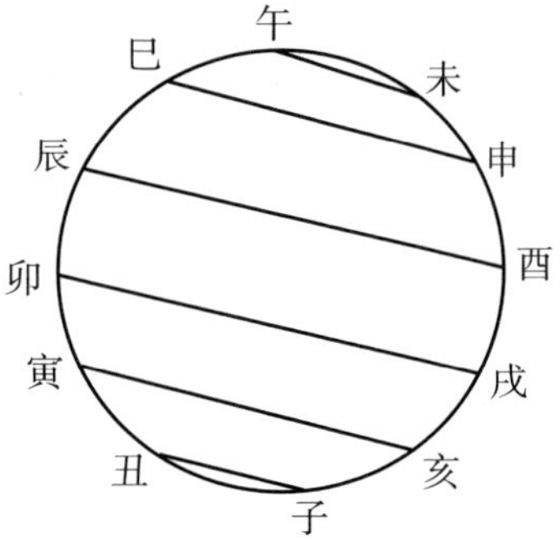

图2-4

## （九）地支合局

地支合局也称“地支三合局”“三合成局”“三合化局”“三合局”。申子辰化合水局，巳酉丑化合金局，亥卯未化合木局，寅午戌化合火局。（图2-5）

图2-5

## （十）地支相冲

地支相冲也称“地支六冲”“地支对冲”“六冲”。是指地支之间的对冲与斗争，十二地支两两相冲，共得六组，子午相冲，丑未相冲，寅申相冲，卯酉相冲，辰戌相冲，巳亥相冲。（图2-6）

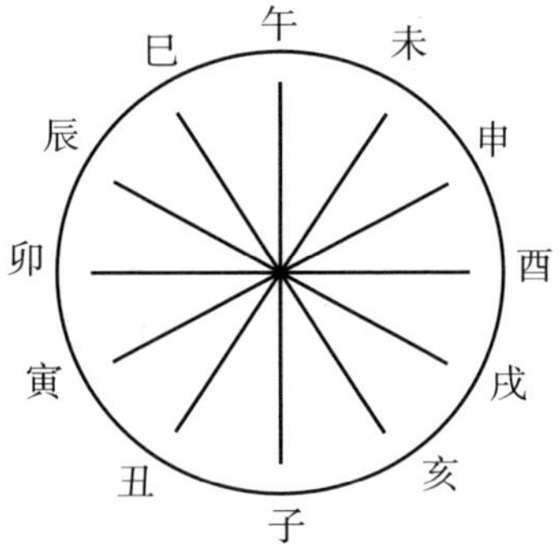

图2-6

## （十一）地支相刑

地支相刑也称“三刑”。是指十二地支之间相互残伤，刑杀。“子卯，一刑也；寅巳申，二刑也；丑未午，三刑也”。有三种情况：①单向刑：寅刑巳，巳刑申，申刑寅，各特势之刑；丑刑未，未刑戌，戌刑丑，为无思之刑。②双向刑：子刑卯，卯刑子，为无礼之刑。③自刑：辰、午、酉、亥，自身刑自身。

## （十二）地支相破

地支相破也称“地支六破”“六破”。指十二地支之间的相互破坏、散移。十二地支中两两相破，共得六组。子酉相破，午卯相破，巳申相破，寅亥相破，丑辰相破，未戌相破。（图2-7）

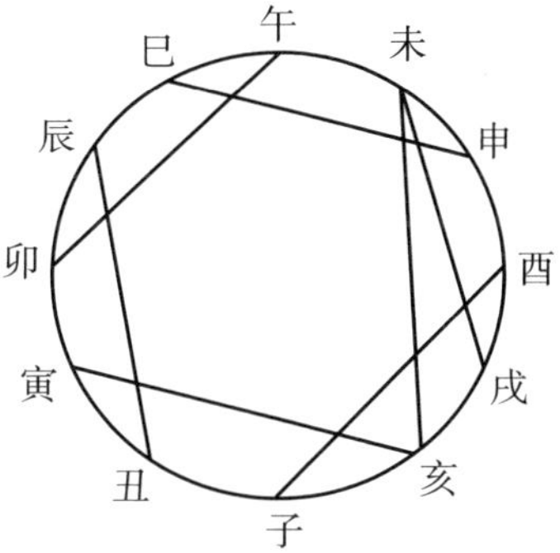

图2-7

## （十三）地支相害

地支相害也称“地支六害”“地支相穿”“六害”。指十二地支受害或被害，十二地支中两两相害，共得六组。子未相害，丑午相害，寅巳相害，卯辰相害，申亥相害，酉戌相害。（图2-8）

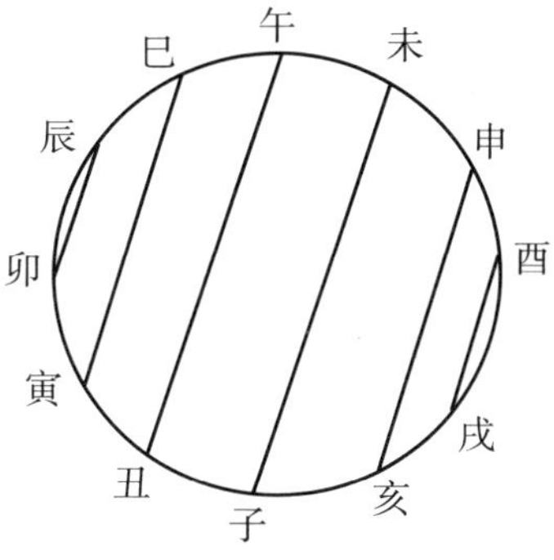

图2-8

## 三、六十甲子

天干地支相配，其阳干配阳支，阴干配阴支，阳干与阴支，阴干与阳支互不相配。十二天干与十二地支一次相配，顺序叠加可得六十数，甲为天干之首，子为地支之首，相配第一数为甲子，故称为“甲子”“六十甲子”“花甲子”“花甲”。其排列规律是天干循环六次，地支循环五次，便构成六十轮为一周期。（表2-1）

表2-1　六十甲子表

| | | | | | | | | | |
|---|---|---|---|---|---|---|---|---|---|
| 甲子1 | 乙丑2 | 丙寅3 | 丁卯4 | 戊辰5 | 己巳6 | 庚午7 | 辛未8 | 壬申9 | 癸酉10 |
| 甲戌11 | 乙亥12 | 丙子13 | 丁丑14 | 戊寅15 | 己卯16 | 庚辰17 | 辛巳18 | 壬午19 | 癸未20 |
| 甲申21 | 乙酉22 | 丙戌23 | 丁亥24 | 戊子25 | 己丑26 | 庚寅27 | 辛卯28 | 壬辰29 | 癸巳30 |
| 甲午31 | 乙未32 | 丙申33 | 丁酉34 | 戊戌35 | 己亥36 | 庚子37 | 辛丑38 | 壬寅39 | 癸卯40 |
| 甲辰41 | 乙巳42 | 丙午43 | 丁未44 | 戊申45 | 己酉46 | 庚戌47 | 辛亥48 | 壬子49 | 癸丑50 |
| 甲寅51 | 乙卯52 | 丙辰53 | 丁巳54 | 戊午55 | 己未56 | 庚申57 | 辛酉58 | 壬戌59 | 癸亥60 |

# 第三节　调心

调心是健身气功·八段锦中的核心概念，具有支配调身和调息的作用。对于在学习健身气功·八段锦过程中研究调心与调息、调身的关系，以及提高学练健身气功·八段锦的功效意义重大。

## 一、概念的界定

### （一）调心的概念及其本质

所谓调心是指练功者在健身气功·八段锦锻炼中，对自我的精神意识、思维活动进行调整和运用，以达到练功的要求和目的。《灵枢·本神》中说："心之所忆谓之意。"《道德经》曰："多言数穷，不如守中。"《素问》更明确地提出："精神内守，病安从来。"调心在健身气功·八段锦中作为一种操作手段，其实几乎横跨于任何一种健身气功的修炼，存在于健身气功修持时的每一个过程中。其本质就是学练者运用意念调节精神、形体、动作、呼吸，使之趋向协调，继而达到集中、专一、空灵的修炼过程。古人云："心者，思之官也。"王阳明说："夫乃万物之理不外于吾心。"从现代医学角度讲，这里的心指的是大脑思维系统。调心就是通过大脑意念发出的指令，经思维体系的指导、信息的传递，"心行意，意行气，气运身"，来影响和支配人体的各个器官和系统的"内功"和"外功"。

### （二）意念

从调心的概念和本质中又出现了意念这个名词，那么，什么是意念呢？意念作为调心的核心本源，是潜意识思维过程中人脑功能的轻度活跃，是指建立在客观世界之上，通过语言、形象、动作等形式的反馈，构建、重组、优化，达到调和人体阴阳和激发人体潜能的工具。太极十三势行功歌曰："势势存心换用意，得来全不费功夫。若言体用何为准，意气君来骨肉臣。想推用意终何在，益寿延年不老春。”

我们在本章第一节阐述了意识的物质性，用唯物辩证法来说，干什么都要主动发挥人的主观能动性、积极性和创造性，习得健身气功·八段锦也不例外。比如，我们在初学八段锦时，要以意念时时检查我们的动作是否到位、路线是否正确，如有错误，应及时纠正。健身气功·八段锦是一种多层次的调心功夫。从理论上讲调心作为一种心理过程，它的产生、运作都是一个能量转换过程。调心中的意念是一种很强的脑电波，调心发挥作用，是通过脑电波传递信息的过程，因而从一个意义而言，信息是可以转化成能量的。

健身气功·八段锦是通过调心用意对体内、体外两个复杂而庞大的系统进行能量交流、分化、重组、优化的过程，调心过程中的能量，在健身气功·八段锦中主要通过“气”来体现。这方面的健身气功科研工作者及专家学者，通过各种实验，已证实“气”是血液和体液在体内流动产生的一种具有光液、微粒流等特征的物质能量，其中还含有一定的信息密码，以调动用意作用于经络、血液和肌肉的最微细的基本结构，久而成功，可以产生生物电流。我们在健身气功中常说的“意到气到”“以意凝气”，这个八段锦调心中最重要的意念对象就是生命场及生命信息流体的气机系统。它通过人脑电波固有的信息编码进行沟通，针对“气”物质过程及“五行”的易变属性，直接进行定向引导和加工。因此，健身气功·八段锦可以通过调心用意对“气”物质的运动赋予信息量，产生气化功夫。从现实的角度而言，我们练习八段锦时，有的人手掌或身体其他部位会出现大、小、轻、重、热、冷、麻、痒“八触”现象，有些人出现肠鸣、放屁、打嗝或身体某部位产生能动或在体表产生丝线样走动，或病灶处有隐痛，或某部分有触电感，有些人可产生脚趾、头顶突然针刺样疼痛，或在眼前出现各种颜色光环等。

### （三）精神与魂魄

在中国传统文化中，精神就是魂魄，就是魂与魄的变化，或者说魂魄是精神的变化。那么什么是魂魄呢？心理的状况是魂，属于神，生命的能量旺盛是精，属于魄。我们平常所说的这个人很有气魄，这个气魄的确是物质的身体所爆发的。

从字的写法上我们可以看出，“魄”字是白字旁边一个鬼。我们先说“鬼”字，“鬼”字从“田”，这个“田”字上面出头就叫作“由”。“由”字就是草木在土地上生出一点苗，所以“由来”就是有一点苗头了。“田”字上下两面都出头就叫“申”，代表电。这个鬼字上面是出不了头的。“鬼”字的写法是“田”字向下边走的，所以专门向下而走的就是“鬼”，上下相通的就是“神”。这个“魄”字是白色的鬼，“白”代表阳气，有阳气有实质的这个精神叫作魄，没有实质的，人死后肉体实质已经完了，就是鬼旁边加个“云”字，那就是“魂”。天上的云时聚时散，聚了看得见，散了看不见。一个人的精神清明，如云气蒸蒸上升，便是“魂”的象征。在白天的活动它就是精神，在睡梦中的就是灵魂。所以魂魄是代表生命的死亡与存在的两个阶段。到了白天，生命分成一阴一阳，阳的神，我们讲精神，神就是魂，魂在体内是清净的，头脑清楚，眼睛明亮，眼睛是神进出的道路，所以眼睛也叫灵魂之窗。朱云阳真人在《参同契阐幽》中说，“后天之造化，既分一阴一阳，阳之神为魂，魂主轻清，属东方木液，阴之神为魄，魄主重滞，属西方金精，两者分居坎离匡廓之内。故曰，阴阳为度，魂魄所居。”阴就是身体营养变来的这个气魄，人的身体各部分功能很健康，就成为魄。它形成的物质是重的，向下走，变成后天男人有形的精子，女人有形的卵子。魄属西方金精，而金是个有形的东西，肺属金，所以肾亏不一定治肾，因为肾为肺之子，如果肺气增强，金生水之故，肾就健康了。拿人的生命来说，“魄中魂半”，等于睡着时会做梦。中医讲魄在肺中，而肺指的是呼吸系统，睡着时呼吸连续没有断。为什么会做梦？魂跟魄两个没有结合到一起，灵魂出窍了。跟魄不结合，中医认为，心是火，肾是水，水火相济是心肾相交。这时魂在体内，不会做梦，当水火不相济时，魂就离开这个身体。从病理学上讲，轻一点的是梦游症，严重的就是离魂症。我们的生命，分成魂、魄两部分，属离坎两卦，坎水离火，水是身体上的各种荷尔蒙、精液、口水。火是身体上的热能，这个生命没有僵硬也没冷，是因为火的热能，如果我们着手修炼，就要了解自己的魂魄各占一半，分属坎离两卦的原则，这是生命的根本。

精神是从哪里来的？按道家的说法，神属于性，天性，精和气属于命。人的肉体存在是我们的命，所以身体是命，至于那个性呢，那个就是神，不属于这个身体，但身体是性的部分，比如电，这个电是通过灯泡或灯棍发亮发生作用，灯泡坏了，电就不通了，也起不到作用了。

神在中医里十分重要，并认为五脏皆有神明。心的神明是神，古人讲“心之官为思”，也就是说人的心血足了，神志就清明了，心血不足，人就心慌难受，脑子就不清楚了。我们日常会说“把心放在肚子里”，为什么呢？心在五行中对应的是火，火性炎上，把心气放低一点，对生活别要求太高，就是养生了。脾的神明为意，中医讲，思伤脾，整天胡思乱想就会暗耗肾精，伤脾。肺的神明为魄，中医讲，忧伤肺，整天大事小事都担心，生怕天塌地陷，就是肺气虚的现象，魄不足。肾的神明为志，现实生活中，主要有两样东西会侵害我们的身体，一是内因，二是外因。外因指自然现象或者风寒暑湿燥火六淫、六气；内因主要指情志，人在情感上受的伤害往往远远超过肌肤的外伤，非常严重，甚至有些人过不了这个坎，选择自杀。健身气功强调调心、调神，也是从某种程度上尽可能地帮助我们情感不受伤害或少受伤害。再比如中医讲，恐伤肾，人体的元气藏于肾，人一害怕就会伤到肾，伤肾就伤元气，元气就相当于西医常说的免疫力。人的免疫系统受到损伤，免疫力就会下降，人就容易染病。健身气功·八段锦第五个动作“摇头摆尾去心火”，常做能安神定志，使心肾相交，形成水火既济。肝的神明为魂，握固法可安肝魂，握固法如果能再结合蹲马步的话，效果更佳，八段锦第七个动作“攒拳怒目增气力”，常做对握固肝魂会起到很好的作用。

### （四）性与命

《性命圭旨》说：“何谓之性？原始真如，一灵炯炯是也。何谓之命？先天至精，一炁氤氲是也。”又说：“性之造化系乎心，命之造化系乎身。”陈撄甯大师在《性命说》中指出：“性即是吾人之灵觉，命即是吾人之生机。”按照道家的观点，性是指人的灵明慧觉，命是指人的气血生身，性即是心性，命即是生命。由此看来，人的生命实际上是两个生命即精神生命与生理生命的双重融合。人们通常说要身心健康，亏其一即残缺不全，所以性命二字高度概括了人生的两大要素。在上一个问题“精神与魂魄”中，我们已经说了，性是通过命来表现的。魏伯阳真人在《参同契》中说：“后天两物，虽分性命，其实祖性，全寄于命。”所以性命这两个东西是一体的，就是一元论，也叫二元一体论。精神跟物质是一体的两面，好似手心和手背。那么一体叫什么？一体叫作祖性，不只包括我们这个生命，是与山河大地万物共有的整体。有了生命后，“全寄于命”，本性不用向外找，他就在本身的生命中。

中国思想文化的核心是儒、佛、道三教。儒家追求成圣，注重修养道德人格；佛家追求成佛，注重解脱人生痛苦；道教追求成仙，偏重于健身长生。在修炼中儒家讲修心养性，佛家讲明心见性，道家讲存心炼性。性功是儒、佛、道三家相通的地方，而命功则是道教独有的传统。陈撄甯大师认为，仙学乐生、贵生重生、追求长生，所以它是生本主义。他还认为性命相依，命为重。他用灯作比喻，灯油是命，灯光是性，有灯无油，灯必不能发光；徒有灯油而不能发光，则不能显现油灯照明之用。修道之意在教人积足油量，并教以点灯之法，则人生必充满光辉。具体到学练八段锦中，就可通过“调身、调息、调心”提高性与命的功能。

## （五）元神与识神

“元神”是禀受先天之精气形成的，它不受意识思维活动的支配而主宰生命活动，而“识神”是感受后天万事万物后形成的，它主要是人对自然认识及思维活动。两者相互统一，相互作用。

《太乙金华宗旨》第二章阐述了元神、识神为主宰人身气化之权柄。元神是人的“本来而目”，是人得以长生的根本原因。在父母受孕之时，胎儿的元神和识神就形成了。元神出无极之真性，无识无知；识神禀太极之炁，无识无知。元神能主身体之造化，识神能主身体之变化。人一旦降生，元神和识神就分开了。元神属于头上天心（玄关）中，识神则居住于下面的肉心中。元神喜静，识神喜动，识神动则情欲盛，情欲盛则耗散元精，进而耗散元神。元神被识神所控制，久而久之，则识神飞扬跋扈，元神昏迷丧失。元神是先天遗传的，是一种无思维但有能量的精神，识神是后天有的，是一种认识事物的能力。人出生后没有意识，但能主宰生命的元神逐渐被识神所侵扰，识神则占领了心脏，成为人的主宰，因此人难以长生。学练八段锦主要想保持元神的持久，提高认识事物的能力。

### （六）小周天

所谓小周天，是月亮的行度景象，是以地平面为准而看到的现象，小周天是一个月，以月亮的出没为标准，用这个来比精神之衰旺，气血之盈亏等。根据十二辟卦，五天为一候，三候为一气，每个月十五晚上，圆满的月亮从东边上来，这叫中气，十二节气这里叫中气圆满。六候为一节，节是阶段，越过另一个阶段，所以一个月叫小周天，把人体前后的任督二脉配上十二辟卦，阳来复外，从后面督脉到头顶是乾卦，前面下来配到坤外认为是小周天。任督二脉在学练八段锦中有十分重要的作用。

### （七）天心、真意、凝神聚气

从古文字来说，其部首第一个字是从“一”开始的。伏羲一划分天地，一的上面再加一横，下面加一个人，就叫作“天”。所以伏羲一划“劈破天心”。羲皇作易，剖开太极，是讲宇宙原理，这个宇宙原理，跟我们生命原理一样。这个宇宙的生命之物是一元的，物质、精神是一个东西、一个范畴。后天就分成两个了，一个精神作用，一个物质作用。这个中间的作用是空的，这个空包括物质、精神两方功能。这个东西在我们文化的名称叫“天心”。在佛教叫“真如”“涅槃”，是心物一元的。从物理上讲，每个植物的果仁，把它从中间剖开，都是两半合拢中间是空的。所有阴阳合拢了，中空是空，这叫“天心”。根据科学的发展进步，发现电子、原子分析到最后还是空的。那么这个空的东西，中国文化过去不走物理路线，走人文精神路线，把它叫作“天心”。“羲皇作易，剖开太极，劈破天心，最初落下一点，便成乾卦。”《易经》的乾卦就是横线一爻叫阳爻，把这一爻切断成二叫阴爻。阴爻代表实质的，阳爻代表空灵的。实际上阴爻分两半，中间空的就是“天心”。朱运阳真人在《参同契阐幽》中作出更高明的解释：“最初落下一点。”连伏羲画八卦这句话，也表示当所谓“天心上运”，也就是不生不灭的境界，就由“性”变成“命”。落下一点，这一点妙用就无穷了。

阴阳五行之学有两句传统的话叫“四象五行皆藉土，九宫八卦不离壬”。正宗的道家讲的“意”就是土。意跟思想的思维在一起就是意思，类似于我们常说的“你什么意思？”。在这个方面佛家分析的比较清楚。我们能思想、动感情等作用，是第六意识，又叫分别意识或了别作用。这些不是真的，只是外层的。为什么我们这个心定不下来，就是第六意识的了别作用捣鬼。这个意有个根，叫“意根”，在佛学的唯识学上讲，就是第七识末那识，是生命的根本，也就是俱生我执，是与生命同时来的。道家把这个真土名称也叫作真意，真意不是分别妄想，不是妄想心的意识。道家主性命双修，性与命一个属阴一个属阳，这两个东西只有通过真意才能相结合。如果用思想用妄想守窍，去入定求证是没有作用的。

真意是什么呢？如如不动，杂念妄想没有了，“一丝不生全体现”，那就是真意的境界了。在《易经》中，戊已属土，也属于中宫有形的戊已在中宫就是脾胃，无形的戊已就是一念不生的。真意在道家的分析是一念不生，妄想意念不动，但其中的土还分阴阳，一念不生，光明清净的是阳土，妄想意念不动，但其中的土还分阴阳，一念不生，光明清净的是阳土，有时候清净是清净，但不光明就是阴土。阴极生阳，阳极生阴，在我们身上，中间戊已土就是真意。

我们常说“凝神聚气”，神在哪？神在眼，机在目，全在眼睛里。眼神在上，气机在上，眼神在下，气机在下。在《易经》中，火属南方，在地支为午，在身体土是生命的能，离卦属火，代表两个眼睛的神光。在学练八段锦时，神光不能外露，神光安凝。离代表性，代表神，也代表日光。戊已都是土，代表真意，坎卦代表水，代表月亮，也代表耳朵，耳通气海，所以也代表气。所以，我们学练八段锦或修道打坐，如果没有凝神聚气，尽管外表好像入定了，可从外面清楚的看到气没有下沉，没有收摄，那是没用的。离代表日光，坎代表月精，一个是先天的，一个是后天的，一个是下面上来的这股气，一个是上面下来的一股气。譬如天要下雨，是因为太热了，地球热气上来了，碰到天上的冷空气，热冷气相接就形成了雨。人体也是这样，那么怎么凝的？怎么聚的？就是真意。我们都知道水火不容，火大了就会把水烧开，水多了就会把火浇灭，所有要配合平均，生理跟心理要调和到恰到好处才行。再进一步讲，我们身体的根根是气，心里的根根是意念，这两个是互不相容的，所以要寻找平衡。怎样才能把生理的和心理的组合在一块，朱云阳真人在《参同契阐幽》中告诉我们说：“水火异性，各不相入，惟赖中央土德，多方调燮，方得相济为用。”这个调和阴阳，惟靠中央的土德，多方调理，要用各种方法，所以这就要求我们学会好多好多东西。

## 二、学练健身气功的原理

心为一身之主，肾为性命之源，必须清心寡欲，培其根本之地无使其到伤损。只有根本坚固了而后才能枝叶繁荣，万事可做。说到底，我们修炼健身气功主要是让心肾相交形成水火既济。在前面我们说过十天干为甲、乙、丙、丁、戊、已、庚、辛、壬、癸。十二地支为子、丑、寅、卯、辰、巳、午、未、申、酉、戌、亥。而地支中的一个字之中有时一个五行，有时二个或三个五行，譬如，十二地支中的子只有癸水，而丑就包括了癸水、辛金和已土。《河洛理数》中说，天一生水，地二生火，天三生木，地四生金。天五生土。五数是中间数，得其中，戊和已都为土，两个土都为五，两个五合起来叫作合十。阴阳家的专有名词叫纳甲。所谓纳甲就是把十天干纳入八卦，即乾纳甲壬，坤纳乙癸，震纳庚，巽纳辛，坎纳戊，离纳已，艮纳丙，兑纳丁。肾为坎为水。坎卦（☵）中一阳爻来于乾，乾为金，所以水中有金，而水里的金包含了戊土的作用。从《易经》角度来讲，万物各有一阴阳，每一阴阳中间又自然形成了一个太极。万物各有一太极，万物各有一天地，所有“坎中之金纳戊”。心为离为火，离卦（☲）中一阴爻，来自坤卦，坤为阴为土，阴土就是湿土，湿土中含水，所以离中之水纳已，已为湿土。从这个方面讲，金水之数也为五。从中医角度来讲，肺属金，代表人体的呼吸系统。我们肉体生命在于气，但这个气不是平常理解的呼吸之气，是一种能量，是一种看不见的物质，而习练健身气功就是获得这个生命的气，所以叫作“元”。如此一来思想清净，没有妄念了，就到那个清净境界，叫作“元神”。这时神与气就在身体里面了，但并没有真正地结合起来。修炼到后来，神与气就心息相依了，但要注意的是，先练气不管心念就出偏差了。如果光念佛或观心，不练气，身体调整不好也是偏了，再怎么练也没用。这也就是道家所讲的“性命双修”。

我们前面解释到，真土就是真意，真意不是妄想也不是执着也不是念头，是自然之道。就是《中庸》所说的“不勉而中，不思而得”，也就是在有意无意之间、有念无念之间就得到了。在平常我们身体中的神和气平常是合不着的，我们的思想和呼吸两个是配不起来的，人在呼吸，思想也在想，两个各自行动，到要结合时，如男女处对象双方见面，中间要有个“媒婆”拉线，而这个“媒婆”就是真意。神与气跟着真意的动而动，上而止。

这里所说的神、气、意也叫精、气、神。

根据人体五行来说，肾属水，水性在外显阴柔在内显阳刚，人运柔劲，即如同水的旋转绕流。心属火，火性在外显阳刚，在内具阳柔。火都是有形而没有实质的，而木和金是有形有质的。由柔劲变成刚就是水生的木，木是阳质就是水中具有的阳性，因为受到滋养生成质。水与木本来一体，所以变化较为容易，就是说柔变刚，因为其无论形、质都属阳。我们知道，火能够生土，土能生金。火是内暗外阴，属阴性，金是水阴生成的质。在人体中肝属木，肺属金，实际上是生成的阴质，克制水阴生成的阳质，即是金克木，刚克柔。从火的外面说，火性激烈，成就克制水阴生成的阳质，即是金克木，刚克柔。从火的构成来说，火的外部温度高，内部温度低，而外部高温成就的金质坚硬。心上火性一起，脾气就发动，一腔怒火就发泄出来，可以发出声音，这是金的意思，脾气一动，肝性都会随之动，所以在修炼健身气功时，人要处在松静状态，且四肢运动要走缠丝劲。八段锦是健身气功中的一种功法，也符合上述健身原理。

## 第四节 八段锦里的用意

习练健身气功八段锦首先要掌握松静自然、准确灵活、练养相间、循序渐进的基本要领。旨在使全身关节放松，疏通经络，强化下肢力量。待功法习练要领掌握后，再进入“以意行气，以气运形”的用意阶段。

### 一、本一始一得一

孔子在《易传》中说，大衍之数共五个，但在用时仅用四十九个，有一个是虚而不用的，这个虚而不用的一就是太乙。它超乎在两仪之上，无虚无实，用眼看不到，用耳也听不到，但此一又确确实实的存在，是所有数的根。乾卦初九爻曰“潜龙勿用”，潜龙伏于乾卦初九爻之下，隐而不见，此一并非是指乾外初九第一爻。孔子在《文言传》中说的“确乎其不拔”者即是此一，所以也叫本一。

那么始一又是什么？《河图》曰：“天一生水，地六成之。”这个天是形而上的天，是指道。它是说地球在宇宙中形成，是一股气流在这个空间转起来，转了若干时间，直至液体出来。这个液体慢慢冻起来，冻起来就是高山，低洼的就是海洋。老子在《道德经》中说：“天得一以清，地得一以宁，神得一以灵，谷得一以盈，万物得一以生，侯王得一以为天下贞。”此一就是始一。那么始一就是天地形成的开始，是一画开的一，是积十还一的一。

对人来说，本一仅指人的心思，但人的心思是看不见的，只要人的心念一开始流动，即属于始一了。佛经上说的本觉是无念的心体，就是《易经》中说的“无思无为，寂然不动”。佛经上说的始觉就是一念乍起，就是《易经》上说的“感而遂通，不疾而速，不行而至”。

本一一也，始一亦一也，虽然它们的数是相同的，但其象是不同的。算术乘法口诀说“一一得一”，“一”之数虽然是相同的，但前面的两个“一”与后面的一个“一”象是不同的。（图2–9）

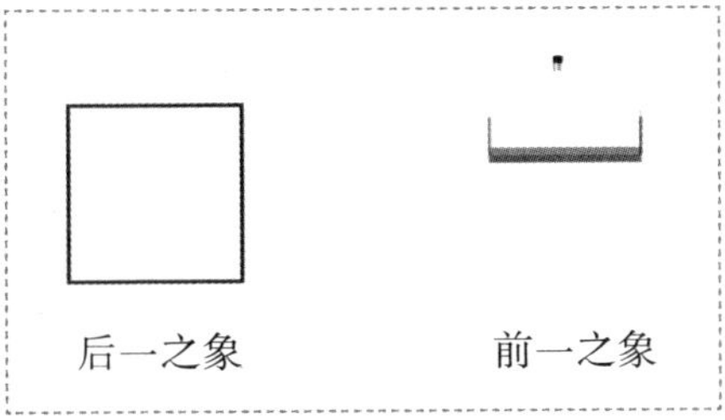


图2–9

我们只是从象上来形象说明加以区分，但本一是看不见摸不着的，那么我们练功如何能得一呢？道家有句话叫“得其一，万事毕”，修道学佛打坐得定，定是专一，从专一开始。佛也说过“制心一处，无事不办”，很简单，可惜又做不到。孟子教给我们修炼的办法是“心勿忘，勿助长也”。这里的勿忘就是《心经》所讲的不增不减，而我们练功夫时不是在那里增，就是在那里减，所以做不好。

## 二、一三五

一三五是天数，同时也是阳数和生数，一三五相加等于九。七九是成数，在天数中只有三个生数两个成数，成数寓于生数之中，生数一三五为体，成数七九为用，用出于体。一三五之位，三居中。而在河图洛书中的一三五都是一在下面，五居中央，三居左侧，因为左侧为东方，是震卦之位，帝出于震，三生万物，阳数是从三开始的。如果圆的直径是一，那么其周长就是三，但从其象上看，周长三是可见的，而直径一是看不见的，所以说三成形而一无迹。天数三五，相乘得十五，按月亮来说每月十五日月亮而明，再过十五日到每月的三十日，在天上是看不到月亮的。每月的初三，月亮才开始生明，到每月的二十七日仍还亮。每月从初三至二十七在天上可见到月亮，共二十五天，五是天数，相乘得二十五，二十五也等于一三五七九天数之和。五为体，五相乘得二十五，也为全天之数。三为相乘得九，为天数之用。一与三合而为四，四实际是偶数的开始。五自身兼有阴也有阳。天地之数共十个，五阴五阳，阴根于阳，阳中又有阴。一三五之数的内涵给学练八段锦的单式及如何组合提高效果提供了思路。

## 三、二四六

二四六是地数，二四是地数中的生数，六为地数中的成数。在天地之数中，生数有三个，而地数只有两个。二四六相加为十二，与十二地支数相合。二四相加合为六，二四为生数为阳，六为成数为阴，也是阴阳互根。所以十二地支也分阴阳，天地阴阳之数，到五而体具，至六其用全。阳顺阴连，阳数始于一，阴数五六终。以数兼象而言，则一为点，二为线，三为三角而成面，四加一成五而为心，至六则成了立方体，体用兼备，二四六之数的内涵给学练八段锦的双式及如何组合提高效果提供了思路。（图2-10）

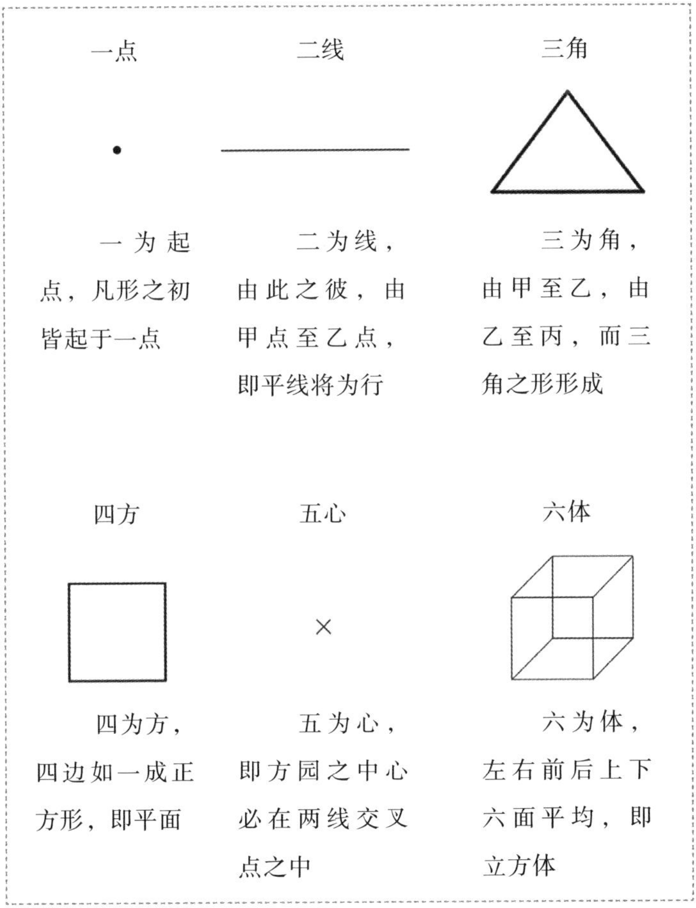


图2-10

## 四、八段锦的用意方法

### （一）点线、面、体之意

健身气功八段锦的行动运势和各种动作运行路线皆由若干点构成旋转的孤线，由孤线合而为圆。练习八段锦时，上下肢的运行都是用根节带动中节，中节带动梢节运行。其公转和自转本身是由点连成孤线，孤线变成圆形，形成面。因其公转、自转是同时进行的，从人身来说，其动作的公转、自转又形成一个体。如八段锦起势，其手由少商穴领着手先逆缠，然后再由小指领进顺缠，在做顺逆缠的过程中，我们的意在肩井，以肩为支点，由大臂带前臂进行公转运行，这样公转与自转的劲领便形成一个体。

根据人体的内部经络、穴位分布和练习八段锦功法的要求，对线的理解可以为“两竖一平”，即一是肩两端的肩髃与大椎穴三点连成一条水平线；二是百会、人中、中丹田、会阴穴构成前中心竖直线；三是尾闾、命门、大椎、玉枕再至百会构成后中心竖直线。而这两个前后中心线连接起来构成孤线圈，即任督二脉。水平线与竖直线相交构成了人体内的自交叉平衡线。就孤线而言，我们可以理解为“三平一竖”四大圈，一是肩圈，主人体平衡；二是腰圈，主人体旋转；三是胯圈，主人体进退；四是丹田圈，为立圈，主人体发力。无论动作、方位如何变化，体内交叉线务必保持平衡，上述“两竖一平‘线’”“三平一竖‘圈’”构成了一个体。所以我们在练功过程中要细心琢磨，精心体会。

### （二）旋转之意

在练习八段锦的过程中，我们的指、掌、臂、胯、腰、颈等各部位关节始终处于旋转缠绕绞拉之中，方式多为内旋外旋。而上下肢的缠绕又分为进缠、退缠、左缠、右缠、上缠、下缠、里缠、外缠、大缠、小缠、顺缠、逆缠、左右相对缠及上下相对缠等。下缠牵动上缠，内缠催动外形。

上肢顺缠，手臂顺缠向外伸展，内劲由丹田发出，向下过会阴穴，向后缠经长强穴，逆行向上，过命门缠脊椎至大椎穴，逾肩井穴向后，经腋下向里绕臂斜缠而下，从尺骨向外，过掌心劳宫穴，达中指端顺缠劲走到位。换劲时，上体气收回至心俞穴，行于膻中，收回，归丹田，中气形成循环。

上肢逆缠，肩合住，手臂向里，伸开向外，内气由丹田发出，过会阴穴，经长强穴，过命门循脊柱逆行而上至大椎穴，逾肩井穴向前，由腋下绕臂斜缠而下，从桡骨端向里，过掌心劳宫穴，达中指端。

顺缠出劲，内劲出至指，向外展时复收至肩，顺缠收劲，肩上劲行于手。逆缠出劲，内劲先行至手，外展时复行于肩，逆缠收劲，肩上劲行于手。

下肢顺缠，内劲由丹田发出，下至会阴穴，由前裆向外，经胯关节前端顺股骨阳面向后绕腿斜缠向下，过脚踝向下达涌泉穴，沿脚掌里侧向前达大趾端，在中气顺缠到位后，大腿窝的内含把脚上的劲又抽回丹田，在换势时，下肢气收回丹田。

下肢逆缠，大腿窝含住，脚向里合，足腿伸开向外，内气由丹田发出，下行至会阴穴，经后裆向外，经胯关节后端顺股骨阴面向前绕腿斜缠向下，经脚踝经脚内侧向下，过涌泉穴，沿脚掌外侧向上过脚背达大趾端。脚向里合时是内气向下行，浊气下降，气到脚下升华了发生质变，转清气上升，脚胯对缠。其劲由脚及腿入丹田，而背而肩而手，形成一个大循环。

缠丝劲是练习健身气功的精髓所在，由这个部位的缠丝乃至周身缠丝组成。练功时要身体放松，心平气和，一切求其自然，循规蹈矩，反复练习。贵在用意，意到气随，气到势成。戒用力，注气不注力，以意导气，注内不注外，注意不注形，反复不停地多做内气收放运作，培养和运用内气，在腰、胯、肩、膀处放松，各关节都要灵活，只有这样才能练好缠丝劲。

在健身气功·八段锦中，指、掌、臂的旋转是通过旋转性动作而实现健身作用的。如第三式调理脾胃须单举的动作一：两腿徐缓挺膝伸直，同时左掌上托，左臂外旋上穿经面前，随之臂内旋上举至左上方，肘关节微屈，力达掌根，掌心向上，掌指向右；同时右臂内旋，右手掌下按至右胯旁，掌心向下，掌指向前，动作略停，目视前方。动作二：松腰沉髋，身体重心缓慢下降，而腿膝关节微屈，同时右臂屈肘外旋，左掌经面前下落于腹前，掌心向上，右臂外旋，右掌向上，目视前方。又如八段锦中第七式攒拳怒目增气力中的左臂内旋左拳变掌，左臂外旋肘关节微屈，同时左掌向左旋掌缠绕，变掌心向上后握固。

在健身气功·八段锦中腰、胯、颈、项的旋转。如第五式摇头摆尾去心火的动作三：身体重心向上稍升起，而后右移，上体先向右倾，随之俯身。动作四：身体重心左移，同时上体由右向前、向左旋转。动作三、四是在转腰松胯旋转身体的同时，摇头旋颈，眼也跟着旋转，实际上是用尾闾的旋转来带动腰、胯、身、头、眼等部位的旋转。

## （三）松紧快慢之意

所谓松，包括形体的放松和精神的放松，形体的放松是以精神的放松为前提的。形体的放松主要是指把肌肉、肌腱、韧带、关节乃至内脏都要放松，使相抗衡的肌肉、肌腱处于相对稳定、松弛的状态。精神放松主要是指解除情绪上的紧张烦躁，使心理处于平衡状态。习练健身气功时放松身心，既有利于机体内气血的自然循环，减少机体的负担和能量消耗，降低基础代谢率，还可以降低机体的兴奋程度，减少内外环境对大脑皮质的干扰，有利于大脑入静。

在练习健身气功·八段锦时要做到对肌肉、关节以及中枢神经系统、内脏器官的放松，在意识的主动支配下，逐步达到呼吸柔和、心静体松，同时松而不懈，保证正确的姿态，并将这些放松过程不断加深。紧是相对于松而言的，是指在练习八段锦的过程中，适当用力，且缓慢进行，主要体现在前一动作的结束与下一动作的开始之前。如八段锦中的第一式双手托天理三焦的上托、第二式左右开弓似射雕的马步拉弓、第三式调理脾胃须单举的上举、第四式五劳七伤往后瞧的转头旋臂、第七式攒拳怒目增气力的冲拳抓握、第八式背后七颠百病消的脚趾抓地与提肛等，都体现了这一点。紧在动作中只是一瞬间，而放松须贯穿动作始终。松时要柔和缓慢、圆活连贯；紧时要上下、左右对拉，瞬间到位。如若做到松紧快慢配合得适度，将有助于平衡阴阳，疏通经络，分解粘滞，滑利关节，活血化瘀，强筋健骨，增强体质。故，快慢相间有利于练功的节奏和动作的美观。

### （四）开合之意

开合之意是导引健身气功的重中之重。从阴阳上讲，合为阴，开为阳。阴变阳为开，阳变阴为合。因为阴阳互为其根，所以开为合始，合为开始，开中寓合，合中寓开。一般认为，展则为开，收则为合。练习八段锦的过程中，凡开时要意想全身各部关节放松，不仅身开，心亦开。身开是在意的导引下的开。凡合是要意想全身的收缩，不仅身合，心亦合。身合是意念导引下的合。开时内气自下而上发，起于丹田经腰眼、背骨聚于背，经大臂、前臂形于指尖；合时内气自上而下收，经前臂、大臂、肩背、腰眼回归丹田。练开合之意时，可意想两胳膊至背部有一弹簧在拉伸，一端通指尖，另一端系在背骨上。练功时，这根像弹簧似的躯体始终有效地进行开合。如八段锦起势的动作三、动作四：手臂外旋，向身体45°角打开，随着屈膝松胯、松腰松腹、含胸拔背两臂内旋向腹部拢抱，背往后倚重心下降，肩松坠肘，虚领顶劲。两目注视鼻尖，鼻尖对肚脐，两肩呼应两胯，两肘呼应两膝，两手呼应两足以调形。呼吸细匀深长，气沉丹田，用以调息。意念在丹田，似守非守，绵绵若存，用以调意。健身气功·八段锦的锻炼是在意识指导下意识与呼吸相配合，也就是意识、呼吸、动作三者密切配合，“练意”“练气”“练身”同时进行。要求肌肉骨节、内脏器官在内部活动起来，配合身躯四肢的外部运动，动作开时俱开，动作合时皆合，神气贯通，周身完整，浑然无间，久练必定会达到身体健康的效果。

### （五）吞吐之意

吞吐之意是指在练习八段锦的过程中，要注意自己的呼吸及形收的方式。吞为吸，吐为呼，初练者以自然呼吸为主。进入用意阶段后，随着功力水平的不断提高，逐步地将自然呼吸变为逆腹式呼吸，有意识地以吞吐配合动作开合。开吸要用吞意，小腹可凹；合呼要用吐意，小腹可凸，这是一般的规律。但大家在做左右开弓似射雕中的马步拉弓和第七式攒拳怒目增气力中的冲拳两势虽为开，但去用呼。练习每个动作的一开一合，腹部就要一凹一凸，由此反复练习，力求使呼吸与开合动作有机配合。久而久之，呼吸会自然地深细匀长，并与动作协调一致。

综上所述，五种用意虽有区别，但相互间有着不可分割的内在联系，练习者应循序渐进，分别体会。虽然我们在讲时将五种用意分别开来，但在练功过程中此五种用意相互交织，合一为一体的，切莫断章取义。

## 五、在学练八段锦过程中的调心及其作用

健身气功八段锦的调心不是守一，而是意想动作过程，包括动作的规格、要点、重点部位以及呼吸。具体来讲，在练功初始时期，主要是注意动作规格和要点。在熟练提高阶段，重点是注重风格特点，使动作与呼吸相协调。随着功法的熟练，技术水平的提高，动作趋于自动化，呼吸也近于自然，心神也随之越来越恬淡。这时可将意念集中到每个练习动作的规格、要点和重点部

位上，最后达到动作、呼吸、心理协调一致。

### （一）八段锦的动作是在调心中实现的

练习健身气功八段锦要求动作柔和缓慢，松静自然，脊柱为轴，松紧结合，每式动作从桩起从桩收，旋转开合、外捧下按、上托、摸运等是其共性的最基本运作方法，而这些都需要在调心的情况下才能进行，即在意念的导引下来实现。而且八段锦的用意不是一个简单的目的和指令，是在动作的整个过程中都要由意念领着躯体进行。也就是我们常说的“以心运手，以手领肘，以肘领身”，以此使肢体连贯以达节节贯穿。当然，这些动作都是在身端体正的情况下进行的，也只有身端体正才能做到有主有从，宾主分明。虽说是手领身，而身体仍然要保持自己中正的本来位置。从作用的要求上说是身领手动，从外形的表现是以手领身体运行。比如八段锦的起势，不仅仅是想着两手的外旋抬起，而且还要在一开始或未动之前就要用意念领着两手，似乎逐渐排除某种无形的阻力而螺旋上升，或者在某种无形的推动作用下而下落，劲力的大小、方向、快慢的转变，是前一种意念而转换的。又如八段锦中的重心转移或者说是虚实的转换，手与足上下配合虚实的变化，手足的开合进退也必须注意虚实转换，身体重心的变换也是身体各部虚实的转换，要做到这点，就必须意念先行。

### （二）八段锦动作造型的定势是调心的产物

八段锦的八个动作以及预备势、起势、收势，都是意念中想象的产物，是通过意念活动制造出的造型定势。如左右开弓似射雕、调理脾胃须单举、摇头摆尾去心火等。预备势和功法中所有升降立身的意念动作要求竖脊，整个脊柱犹如连珠，上下节节贯穿，对拉拔长。双手托天理三焦——两掌上托，脊柱上下对拉拔长，其内劲上达两掌劳宫穴，中至夹脊。左右开弓似射雕——两腕交搭，夹脊放松，开弓竖脊劲达夹脊。调理脾胃须单举——两掌上下分撑，脊柱对拉拔长，内劲上下分行到达两掌劳宫穴，中至夹脊。五劳七伤往后瞧——两掌扶按，悬顶竖脊，展肩后瞧劲达夹脊。摇头摆尾去心火——马步扶按，悬顶竖脊，侧倾俯身拉长腰脊，环绕转身旋转尾闾。双手攀足固肾腰——起身脊柱对立拔长，俯身脊柱节节放松。攒拳怒目增气力——马步下蹲，悬顶竖脊，左右冲拳脊柱拧转。背后七颠百病消——提踵脊柱节节拉长，下颠椎间微震。收势——脊柱放松，还原收功。上述动作中所讲的内劲是神、意气结合的产物，不是我们平常所说的“力”，如若用“力”则会造成气血不通。所以在练功过程中，我们要时时处处用意识暗示自己，每个动作都是意识引导，意从心中生，我意向何处，眼神直射何处，周身也直对何处。

### （三）八段锦要领实现离不开调心的正确引导

习练健身气功·八段锦要“虚领顶劲，气沉丹田，内外相合，节节贯穿，连绵不断，松紧相间，意动形随，神形兼备”等，都需要调心去正确导引。特别是八段锦动作中那种松紧圆活、似水如流，运动如抽丝、劲断意相连的境界要求，完全是由意念导引动作的运动状态和效果，比如放松这个最基本的要领，就是在意念的引领下逐步掌握的。习练八段锦时，大脑越入静，神经的兴奋程度就会降低，肌肉就越松，血液流动就越好。心静并非指强令内心镇静，而是使急切求松的心情趋于缓和、坦然和宽松，继而进入无欲无求的境界。

### （四）调心是习练八段锦产生内劲的核心要素

内劲是指以调心、调息、调身为主要形式修炼出的以气为主要载体，全身骨节经络灵通，心意贯穿而获得的一种能随意转换方向、变化大小的劲力。这是人体活动中通过意识调控的一种具有电磁波性质的能量，是人体内的潜能，是生命活动的物质基础，内劲是常人不易理解、不易察觉到的东西，但它确实与人体健康有着莫大的关系。经过长期的特定训练，人是可以感知并在一定程度上把握内劲的，内劲主要是通过调心、调息、调身这“三调”来生成和提升的，其中调心是内劲生成和提升的核心因素，发挥着主导力量。一是通过意念让人全身放松，思想集中，抛开所有杂念，淡定专一，促进内气产生，这是用意念使内劲生产和整合的前提。二是调心后，只有人体经脉和各系统充分入静，松沉到位，内劲才会生成和提升。用意念懈化身上的蛮力和硬力，以呼吸调整丹田，引动全身内气，注入身体各梢节并指挥其各动作，通过日复一日的不断训练、强化，内劲则在意念的主导下将自由运行，功夫日渐加深。三是做好每个动作的起收。动作的起势就是为了静心，将心思收回。收势重在引气归元，将心思收回到神阙。

### （五）调心是实现八段锦养生功能的关键因素

养生是健身气功八段锦的终极目标和最高的价值取向，其养生功能是通过调心、调息、调身来实现的。

### 1. 通过调心和调身的共同作用维持体内的阴阳平衡

一是健身气功八段锦练的是中气、骨气，疏通的是血、气，抽缠的是经络，伸拔的是筋膜、骨节，主要练习的是内劲，其关键在于骨架。骨架中正通顺，身体才能稳健。在意念的导引下，捋顺骨架，气才能通顺，骨关节放松，身体各部位才能运转灵活，相互配合才能默契。大家都知道运动系统由骨、关节和骨骼肌组成，人体的206块骨骼分别由80块中轴骨骼和126块附肢骨骼组成，骨与骨之间通过关节相连，构成人体骨架。其中，脊柱和两肩、两胯是练习八段锦放松和灵活转换的核心。连接骨骼的关节由关节面、关节囊和关节腔构成。而关节又可以分为不动、微动和可动三种。人体骨骼肌约600多块，每块由肌腱和肌腹组织组成，是运动系统的动力源，在神经系统的支配和其他生理系统的配合下，骨骼肌收缩，牵动其所依附的骨骼，以活动关节为支点，产生杠杆运动，形成肢体的正常运动。也可以说是肢体的运动是以骨骼为杠杆，骨关节为支点，骨骼肌收缩为动力，身体相关部位配合默契所形成的一系列协调运动。在意念的导引下，习练八段锦使人体的骨骼和肌肉有规律，有节奏地收缩舒张，进而使五脏六腑得到“自我按摩”，同时也导引气机的升降出入，从而调节了脾之运化、胃之收纳、肝之疏泄等功能的实现。二是通过调心和调身的共同作用让肢体动作圆活舒展，伸拔对拉使全身的每块肌肉有节奏地收缩弛张，使毛细血管反射性地扩张，继而使血液回流顺畅，从而加速血液循环和血氧的输送，减轻了心脏负担，对人体和心脏起到了保健作用。三是运用意识调节了人体的经络气血，使之运行流畅无滞。在调心和调身的共同作用下，可以消除经络气血盛衰不调和，经络气血逆乱阻滞等因素。常年练习八段锦后可使内气保持在一个相对的平衡度，久而久之，可改善人体的微循环和脏腑之间的联系，加快人体新陈代谢，从而达到养生的目的。

### 2. 通过调心和调息的共同作用来调节呼吸系统和阴阳平衡

一是运用意识调整呼吸，使呼吸深长细匀，可增加肺的换气功能，有利于氧气和二氧化碳交换。同时八段锦通过调心而产生的定静作用与深呼吸能有效地按摩内脏，畅通呼吸通道。二是通过调心和对呼吸的调整，八段锦要求立身中正，收腹提肛气沉丹田。当吸气时提肛收腹，膈肌上升，当呼气时膈肌下降，松腹松肛。在完成八段锦动作过程中，呼吸与动作导引相互配合，起吸落呼，开吸合呼，蓄收发呼，在每一段主体动作的松紧与动静变化的交替处，适当屏气，而屏气就是呼气的延长。由于这些动作使隔膜的运动幅度增大，使内脏形成一个摩擦运动，既可消除腹腔淤血，又可使上下腔静脉血液易于流回右心。如双手托天理三焦、左右开弓似射雕和双手攀足固肾腰这三个动作，在完成过程中，不断增加呼吸幅度和呼吸深度，从而使膈肌上下运动幅度大大增加。使呼吸肌群得到充分锻炼，而膈肌是人体最重要的呼吸肌，对它的锻炼可以增加胸腔体积从而提高肺活量。

### 3. 通过调心实现神经系统的阴阳平衡

健身气功·八段锦通过对神经体液调节可引发学练者的生理和心理效应之间的相互关系，而良好的心理效应保持会促进更好的生理效应。大脑的前脑额叶和脑垂体，与健身气功锻炼密切相关。前脑额叶是人类的高级神经活动场所，不仅控制着人类的意识活动，还参与内脏功能调节。临床脑电图学的观察资料表明，人在环境安舒、心情愉悦时，α 频段脑波增多，而在焦虑紧张时，则β频段脑波增多，说明从颅骨表面记录到的脑电波变化能够反映大脑皮层的功能活动。脑垂体是人体神经体液调节系统的控制中枢，在调控人体生理、心理机能方面具有重要作用。两种有脑垂体管控的神经介质可以把人的身心联系在一起，一种是能够产生愉悦的吗啡物质；另一种物质是去甲肾上腺素。实验验证了这两种脑内激素的分泌与情绪有关，当人的心情愉快，人脑波增多时，能够促进β-内啡肽分泌，当人的心情焦虑，β脑内波增加时，则会促进去甲肾上腺素的分泌。相关气功锻炼工程中脑电频谱分析的结果表明，当人入静时，前脑额叶α频段脑波能量增大，并进一步出现全脑α节律同步化的现象，且对着一时的回忆具有喜悦甘甜之感。根据练功者入静时的脑波变化和情绪状态分析，调心入静时，前脑额叶的神经活动促使脑垂体增加愉悦感的β-内啡肽分泌，进而通过遍布全身的受体，改善人体的自我调节功能，增强人的自愈能力。

人体共有31对脊神经，每对脊神经由前根和后根与脊髓相连。前、后根均由许多神经纤维组成，根据所构成，前根属运动性，后根属感觉性，后根较前根略粗，二者在椎间孔处合成一条脊神经干，感觉和运动纤维在干中混合。通过八段锦的调心，适度地对这31对脊神经进行调节，即充分发挥神经系统的调节功能，协调全身各个系统、器官，从而舒缓而柔和地完成各种动作。若长期坚持八段锦的习练，对中枢神经系统具有良好的训练作用，能增强身体各部位器官的功能，可预防和治疗某些因神经系统机能紊乱而产生的消化系统疾病。

## 六、调心的方法

调心的方法有很多种，这里我们只简单介绍一下松静法、意守身体部位法、意守呼吸法、意守体外对象法和默念法。

## （一）松静法

放松入静是习练健身气功的基本要求和基本方法，人们生活在社会和自然之中，必须要受制各种自然、社会的因素影响，在一定的条件下，造成身心紧张，气机失调而生百病。因此，学练八段锦时首先要消除紧张状态，时时注意精神和形体的放松。放松法有内外深浅之分，外松所表现的是解除身体、四肢、肌肉的紧张状态，内松所表现的则是意念方面的松弛。一般来说，掌握外松较内松容易。松的锻炼是由外到内、由粗到细的两个不同发展阶段。在身形和动作、姿态正确的前提下，有意识的放松身体。从练功一开始，就要精神放松，思想集中，调匀呼吸，同时用意导引身体各部位从上到下、从里到外，四肢百骸、五脏六腑进行放松，使练功者进入舒适自然、毫无紧张之感的状态中。这种有意识的放松精神和肢体是意念集中的一种表现，这种方法也称为意松法。在练功过程中不断保持并尽可能使这种放松的程度逐步加深。通过意松法的锻炼，导引练功者入静，这样一松一静，逐步进入练功者的身心放松状态。入静后，练功者更容易体会松，故，松与静是相辅相成的。

## （二）意守身体部位法

意守是习练健身气功调心的基本方法，意守就是在身心松静的情况下的思维集中。意守身体的某一部位或穴位，可以使练功者摄心归一，专注一处，有助于排除杂念，聚精会神，即以一念代万念而达到入静的目的。其实我们上面讲的松静法所实现的过程也是意守的过程，只是其意念较为分散。而此法注意力较为集中，可以加深入静程度，提高练功的效果。所以入静是目的，意守只是手段而已。此外，也可通过意守锻炼使意与气相结合，以调动人体内气，促进内气的聚集与运行。通常所说的意守某部位，一般是经络上的穴位，而意守穴位的不同，也有助于疏通气血和调节脏腑的功能，通常意守的穴位有丹田、百会、命门、会阴、涌泉、劳宫、少商等。

### 1. 意守丹田法

丹田是内丹家借以锻炼人体精、气、神以成丹的处所，因其具有农田般的生产意义，有使人获得如金丹一样的效果而得名。丹田有上、中、下之分，上丹田在印堂处，是左右眉毛之间，在鼻梁上端和额头连接的地方。中丹田在两个乳房中间，下丹田在肚脐下大约一寸三分处。至于守哪个丹田要根据所练功法的要求及个人身体情况而定。血压高的人不能守上丹田；血压低或贫血的人，初学守上丹田也很困难，头会发晕。守下丹田有些人越守肚子越大，不是小腹大就是胃部特别鼓出来。女性守下丹田往往毛病更多。上、中、下三个丹田从中医上讲与上、中、下三焦有连接关系，而三焦应该属于荷尔蒙所分布的线路。我们都知道人体的神经、气脉是左右交叉的，所以守上丹田，有时候影响下部；守下丹田，影响上部。老子《道德经》中所说的谷神、玄牝实际上是一个东西，而这个东西在人身体上找是找不到的。谷神是形容一个空灵的地方，越是空到极点，我们反而感觉很难受，好像是其中有神，有不可知的一种力量。“玄”是个象形字，像小虫一样的东西，牝是指母性，而宇宙间万有生命都是从母性身体而生。老子所讲的谷神不死是指空灵的那个地方，它的使用价值永远不会死，且生生不已，是一个能够生万物的根源。玄牝虽然中空无物，但都是孕育天地万物生命的窟宅，绵绵不绝、若存若亡。守丹田，即是用意在丹田，将外面其他的都关闭掉，里面才能得一。这也是我们所说的“守中抱一”的大概意思。意守丹田不仅可以帮助身心松静，而且有导气归元、交通心肾、培补元气的作用。

### 2. 意守命门法

命门在第二腰椎棘突下，与肚脐相对，在后腰部，是督脉上的一个重要穴位，有“生命的门户”之称。命门与两肾及丹田构成人体元气的汇集、贮存中心。《难经》中对命门做了详尽论述，《难经·三十六难》曰：“命门者，诸神经之所舍。”又指出：“命门者精神之所属也。”这两句话的意思指出命门是全身精气和神气所汇聚的部位。《难经·八难》曰：“所谓生气之原者，谓十二经之根本也，谓肾间动气也……故气者，人之根本也，根绝则茎叶枯矣。寸口脉平而死者，生气而独绝于内也。”《难经·六十六难》亦曰：“脐下肾间动气，人之生命也，十二经之根本也，故名曰原。”肾间动气是两肾之间的真气，是命门之火的体现。人体脏腑之气、经脉之气，以及三焦气化，均赖此气激发的推动。《难经正义》曰：“三焦之根，起于肾间命门，人之生命之源，十二经之根本，皆系乎此。”肾间动气是人体的生气，是人生命的根本。如果树木的根本已经断绝，茎叶就会枯死。对于人来说，寸脉虽然比较正常，但病人却死了，这是由于生气首先断绝于内的缘故。《难经·八难》以为命门为呼吸之门，命门通过肾脉上连于肺，肺司呼吸，主肃降的功能，必须依赖命门。即是肾阳的支持，也是靠肾的纳气作用。如果命门火衰，肾不纳气就会出现动则喘甚至虚喘。同时，《难经》还以为人体以命门为抗邪能力的核心，也主管男女的生育以及人体的生长发育。由上可知，命门对人体生命活动具有重要意义。意守命门与意守丹田一样，具有异曲同工、相辅相成的作用。意守命门可以培补真元、壮腰强肾，而在练功过程中，往往是先意守丹田，逐步深入命门。

#### 3. 意守穴位法

经络穴位是人体经气汇集出入之所。练功中，因人因病不同而意守某一特定经络穴位也不同，意守穴位，不仅能起到诱导入静的作用，还能调动经气以达调整脏腑功能和防病治病的作用。如在习练健身气功·八段锦起势时，首先要顶动虚领，此时意在百会穴、会阴穴，并意想肩井穴与涌泉穴垂直相对，当松腰沉髋，使臀部自然下沉把重量全部沉到脚上，意在承山穴，同时敛臀收腹打开命门。当双臂外旋时意在肩井穴和少商穴，当双臂合抱时意在肩井穴和少冲、少泽穴，当起势即将完成时，意在丹田。又如双手托天理三焦即将完成时的上托和调理脾胃须单举的两掌的上撑下按时，意在劳宫和夹脊。再如左右开弓似射雕的马步拉弓意在商阳穴、云门穴等。

### （三）意守呼吸法

意守呼吸法是指练功过程中有意识地注意呼吸的一种练习法。常用的有数息法、听息法、随息法和止息法。

#### 1. 数息法

即在练习过程中默念自己的呼吸次数，一呼一吸为一次，可以从一数到十，或从一数到一百乃至千，如此周而复始，有助于入静，是排除杂念的方法之一。也可练呼则数呼，练吸则数吸，可使心注于息，意不散乱，一般数息几百次，待思想安静下来，全身舒适后，就不必再连续数息，而改为听息或随息。

2. 听息法

此法来源于庄子的《南华经》。它是在数息法的基础上，进而采用听呼吸出入之声音的方法，以诱导入静，正常人一呼一吸是没有声音的，此法只是借助听息，万念归一，以助入静，提高练功效果。

3. 随息法

该方法是在数息法、听息法的基础上进行的。如心情安静下来，就用不着数息、听息，只需把意念跟随气息自然出入，即心息相依、意气相随，以诱导进入宁静境界。

4. 止息法

此法是在随息法纯熟之后，意念不随呼吸出入，把心意若有若无止于鼻端。修成之后，有全身似乎已不存在的感觉，即进入“忘我”的高度入静状态。

### （四）默念法

默念法就是用意默念词句，但不发出声音。可默念自己喜爱的诗词歌赋、音符等，以排除杂思、杂念，诱导入静。练功者可以依据具体情况，有针对地运用，如高血压或神经衰弱病患者，可默念“松”“静”“血压下降”“身心愉快”之类有益疾病痊愈的词句。或随呼吸的节律，吸气时默念“静”，呼气时默念“松”，此法极有利于身体放松入静。这时的呼吸一般是悠匀细长的，默念时用意要轻，或依据自己身体情况默念“六字诀”。

### （五）意守体外对象法

自然界的万事万物都可以作为体外的意守对象，这种意守方法，通常运用于健身气功的静功，比如站桩、打坐等。在站桩时，可以意守日月星辰、山川湖泊、花草树木等。选择的意守对象不仅自己要熟悉，而且内容要简单，同时对自己要有吸引力，能使自己心情愉快或者虚静。那些刺激性较强、扰动性大，同时，会引起过度兴奋、烦躁的事物，不宜作为意守对象。

### （六）意想动作过程法

意想动作过程就是在练功过程中最大可能意想动作达到规范，运动方法、路线准确清晰，练功要领正确，意想动作既可集中注意力，也可提高功法技术。

## 七、调心的要求

“入静”是调心的基本要求，“入静”是相对的，只要感觉自己的心理是平静的即可进入学练状态。《素问·上古天真论》曰：“恬淡虚无，真气从之。”只有在虚静的情况下，才能更好地调节“真气”。

## （一）对松静的要求

练功初期，学练者对“入静”的要求不可过高，应该把“调身”放在重要位置上来，即把自己的身体姿势摆放得自然、平稳，周身各部无紧张、不舒服的感觉。这时说明已进入初步放松入静的阶段，若要进一步放松身体的某一部位，就要用意在那个部位使其进一步放松，直至感觉到该部位如棉花样松开。此时呼吸要柔和，思想上的各种杂念相对减少，或者起了念头能很快地排除。主要表现为对外界反应少，手足温热，或有气感，身心轻松安宁。再进一步则逐渐过渡到对外界的声音干扰充耳不闻，呼吸绵绵，意念归一，身体似有似无，用意自如，练功后好似沐浴过一样心情舒畅，精神饱满。对上述要求，重要的是需要有个锻炼过程，在整个锻炼过程中，这个状态有时偶尔出现，有时经常来临，有时交替反复，需要练功者多加细心体会，不可急躁，也不可执着追求，以免欲速则不达。

## （二）对意守的要求

掌握意守的要领，对提高练功质量有益。这其中主要是把握意守火候，这个是实践性很强的问题，练功者只有在亲身实践中自行调节，才能达到适中的程度。古人云：“不可用心守，不可无意求，用心守则着相，无意求则落空，有意无意称功夫。”这就要求我们在练功过程中“用意不用力”，用意要轻。健身气功中的着意、着相、执着也是用意重的表现。着意就是注意部位时，要求意守部位时间长，被意守的部位很明确，硬要想着这个部位，但要以舒服为原则。着相除指着意外，有时单指存想、观想太过而言，为了避免着相，可以变化动作、存想对象。执着是说练功过程中强调追求某种现象，有时也是着意、着相的总称。对练功的执着是好事，但要掌握住一个度，要以个人感悟愉悦为基准。上述三种情景都有可能导致该练功者出现头痛、头胀、精神紧张等情况。所以，用意要轻就是指练功者对意守的部位采用一聚一散的方法，意念集中到所守部位即可放松，或意守部位比较模糊，似守非守、若有若无。

### （三）对默念法的要求

默念法对初练功的入静者很适宜。它可以诱导思想专一、排除杂念，也可减少昏睡。除此之外，默念法还有两点作用：一是利用默念字句的自我暗示作用，从而收到预热的心理、生理效应。二是有益于声符振动。默念内容应根据自身情况进行选择，其原则是字句简洁明了，发声柔和，字字分明，声音只能自己听到而不能发出音来，即“声发之于口，闻之于耳，察知于心”。

# 第三章　易理与调息

健身气功中的调息是三调中的重要环节，关于什么是健身气功中的“气”，如何“调息”，怎样训练“调息”，“调息”有什么样的作用等，都是我们比较关心的问题。“调息”就要涉及呼吸中的“气”。

“气”，从古代哲学、中医学、现代物质结构学说等不同角度看，有不同的含义。恰当理解、把握练功过程中的“气”，做好“调息”训练，对我们理解功法和提高养生治未病、健身祛病、延年益寿效果具有积极意义。

## 第一节　气一元论

### 一、基本概念

在我国古代哲学中，气是存在宇宙之中的无形而运动不息的极细微物质，是宇宙万物的共同构成本原。气是中国古代哲学的最高范畴。

气一元论，是研究气的内涵及其运动，并用以阐释宇宙万物的构成本原及其发展变化的古代哲学思想。精气学说是气一元论的早期概念，作为宇宙本原的精、精气、气具有相同的内涵。

## 二、主要特点

### （一）气的物质性

气最基本的特性就是物质性，气充满于宇宙当中，无处不有，无时不在，是构成万物的基本物质。

### （二）气的本原性

气是构成天地万物包括人类的共同本原，宇宙中的一切事物和现象都是由气构成，“其大无外，其小无内”，气的运动推动着宇宙万物的发生、发展和变化。

### （三）气的动力性

气的运动是物质世界存在的基本形式，天地万物生灭终始皆是气之升降聚散运动的表现。气的不断运动变化形成自然界一切事物的纷繁变化，生生不息。

气的运动称为气机，自然界中，气的运动形式主要有升、降、出、入、聚、散。气的运动产生宇宙中的各种变化称为气化，运动是气的根本属性。

### （四）气的中介性

气维系着天地万物之间的相互联系，是事物之间相互感应、传递信息的中介。

### （五）气的化生性

宇宙万物皆由气（精气）构成，人为宇宙万物之一，那么人类也由天地阴阳精气交感聚合而化生。《管子·内业》说："人之生也，天出其精，地出其形，合此以为人。"《素问·宝命全形论》说："天地合气，命之曰人。"《论衡·论死》说："气之生人，犹水之为冰也。水凝为冰，气凝为人。"

人类与宇宙中他物的不同在于，人不仅有生命，还有精神活动，故人由"精气"，即气中的精粹部分所化生。如《淮南子·天文训》说："烦气为虫，精气为人。"

人生由天地阴阳精气凝聚而成，人死又复散为气。如《庄子·知北游》说："人之生，气之聚也。聚则为生，散则为死。"《论衡·论死》说："阴阳之气，凝而为人；年终寿尽，死还为气。"人的生死过程，也就是气的聚散过程。

## 第二节　中医气学说

想明白八段锦中的"调息"，就要了解"气"的有关知识，尤其中医学的气学说，它是研究人体之气的概念、生成、分布、功能及其与脏腑、精、血、津液之间关系的系统理论，与古代哲学的气学说有着明显的区别。

### 一、人体之气的基本概念

气是人体内活力很强、运行不息的极精微物质，是构成人体和维持人体生命活动的基本物质之一。气运行不息，推动和调控着人体内的新陈代谢，维系着人体的生命进程。气的运动停止，则意味着生命的终止。

中医学的气概念，可能源于古人对人体生命现象的体悟和观察。古人通过对人体自身某些显而易见且至关重要的生命现象，如呼吸时气的出入、活动时随汗而出的蒸蒸热气等现象的观察，产生了对气的朴素而直观的认识，加之在健身气功锻炼中体悟到的气在体内的流动，于是在朴素认识逐渐积累的基础上进行推测、联想、抽象和纯化，逐渐形成了人体之气是人体中能流动的细微物质的概念。随着认识的深入，对人体之气的来源、功能、运动规律和形式以及与脏腑的关系有了较系统的认识，建立了中医学的气学理论。

中医学气概念的形成，自然受到古代哲学气学说的渗透和影响。古代哲学的气是运动不息的细微物质的概念，气的升降聚散运动推动和调控宇宙万物发生、发展和变化的思想，对中医学的气是运行不息的精微物质概念的形成，气的升降出入运动推动和调控着人体生命活动等理论的构建，都具有重要的方法学意义。但中医学的气是客观存在于人体中具体的气，是在体内不断升降出入运动的精微物质，既是构成人体的基本物质，又对生命活动起着推动和调控作用。中医学的气理论有其固有的研究对象和范围，而古代哲学的气学说是一种古代的宇宙观和方法论，因此，中医学的气概念与古代哲学的气概念是有严格区别的。

精与气的概念在中医学中是有严格区别的。精是构成人体的最基本物质，也是维持人体生命活动的基本物质。《灵枢·经脉》说："人始生，先成精。"气是由精化生的极细微物质。《素问·阴阳应象大论》说："精化为气。"精为脏腑功能活动的物质基础，气是推动和调控脏腑生理活动的动力。因此，《内经》中多次提到精与气的转化关系，其对精与气的区分较先秦哲学中的概念更为明确。

## 二、人体之气的生成

人体之气由精化生，并与肺吸入的自然界清气相融合而成。一身之气的生成，是脾、肾、肺等脏腑的综合协调作用的结果。

### （一）生成之源

人体之气来源于先天之精所化生的先天之气（即元气）、水谷之精所化生的水谷之气和自然界的清气，后两者又合称为后天之气（即宗气），三者结合而成一身之气，《内经》称为“人气”。

来源于父母的生殖之精结合成为胚胎，人尚未出生之前，受之于父母的先天之精化生先天之气，成为人体之气的根本。先天之气是人体生命活动的原动力，《灵枢·刺节真邪》称为“真气”，说：“真气者，所受于天，与谷气并而充身者也。”《难经》称为“原气”或“元气”。

来源于食物的水谷精微，被人体吸收后化生水谷之气，简称“谷气”，布散全身后成为人体之气的主要部分。《灵枢·营卫生会》说：“人受气于谷，谷入于胃，以传于肺，五脏六胞皆以受气。”另外，水谷精微化生的血和津液，也可作为化气之源。

来源于自然界的清气需要依靠肺的呼吸功能和肾的纳气功能才能吸入体内。《素问·阴阳应象大论》说：“天气通于肺。”清气参与气的生成，并且不断吐故纳新，促进人体代谢活动，因而是生成人体之气的重要来源，清气随呼吸运动源源进入体内，不可间断。

### （二）相关脏腑功能

从气的来源得知，人体之气的充足与否有赖于全身各个脏腑的综合协调作用，其中与肾、脾胃和肺的生理功能尤为密切相关。

#### 1. 肾为生气之根

肾藏先天之精，并受后天之精的充养。先天之精是肾精的主体成分，先天之精所化生的先天之气（即元气），是人体之气的根本，因而肾藏精的生理功能对于气的生成至关重要。肾封藏肾精，不使其无故流失，精保存体内，则可化为气，精充则气足，如若肾失封藏，精耗则气衰。

#### 2. 脾胃为生气之源

脾主运化，胃主受纳，共同完成对饮食水谷的消化吸收。脾气升转，将水谷之精上输心肺，化为血与津液。水谷之精及其化生的血与津液皆可化气，统称为水谷之气，布散全身脏腑经脉，成为人体之气的主要来源，所以称脾胃为生气之源。若脾胃的受纳腐熟及运化转输的功能失常，不能消化吸收饮食水谷之精微，水谷之气的来源匮乏，则影响一身之气的生成，故《灵枢·五味》说："故谷不入，半日则气衰，一日则气少矣。"

#### 3. 肺为生气之主

肺主气，主司宗气的生成，在气的生成过程中占有重要地位。一方面，肺主呼吸之气，通过吸清呼浊的呼吸功能，将自然界的清气源源不断地吸入人体内，同时不断呼出浊气，保证了体内之气的生成及代谢；另一方面，肺将吸入的清气与脾气上输水谷精微所化生的水谷之气结合起来生成宗气，宗气积于胸中，上走息道行呼吸，贯注心脉行血气，下蓄丹田资元气。若肺主气的功能失常，则清气吸入减少，宗气生成不足，导致一身之气衰少。

总之，肾的生理功能与先天之气的生成关系密切，脾胃和肺的生理功能与后天之气的生成关系密切。诸多脏腑的功能协调、密切配合，人体之气的生成来源不断，则人体之气得以充足旺盛。如若肾、脾胃和肺等脏腑生理功能的任何环节异常或失去协调配合，都会影响气的生成及其功能的发挥。

## 三、人体之气的运动与气化

气有运动的特性，气以其运行不息而激发和调控机体的新陈代谢，推动人体的生命进程。气的运动止息，机体新陈代谢的气化过程因而停止，则标志着生命过程的终止。

### （一）气的运动

#### 1. 气机的概念

气的运动称作气机。人体之气是不断运动着的活力很强的极细微物质，它流行全身，内至五脏六腑，外达筋骨皮毛，发挥其生理功能，推动和激发人体的各种生理活动。

### 2. 气运动的基本形式

气的运动形式，因气的种类与功能的不同而有所不同，但总的来说，可以简单地归为升、降、出、入四种基本形式。升，是指气自下而上的运行；降，是指气自上而下的运行；出，是指气由内向外的运行；入，是指气自外向内的运行。如呼吸，呼出浊气是出，吸入清气是入。而呼气是由肺向上经喉、鼻而排出体外，既是出，又是升；吸气是气流向下经鼻、喉而内入肺脏，既是入，也是降。

人体之气运动的升与降、出与入是对立统一的矛盾运动，广泛存在于机体内部，虽然从某个局部生理特点来看有所侧重，如肝、脾主升，肺、胃主降等，但是从整个机体的生理活动来看，升与降、出与入之间必须协调平衡。只有这样，才有人体之气的正常运动，各脏腑才能发挥正常生理功能。因此，气机升降出入的协调平衡是保证生命活动正常进行的一个重要环节。

一方面，气必须有通畅无阻地运动；另一方面，气的升降出入运动之间必须平衡协调，具备这两点，气的运动才是正常的，这种正常状态称为“气机调畅”。

### 3. 气运动的意义

气机的升降出入，对于人体的生命活动至关重要。如先天之气、水谷之气和吸入的清气，都须经过升降出入才能布散全身，发挥其生理功能。而精、血、津液也必须通过气的运动才能在体内不断地运行流动，以濡养全身。人体脏腑、经络、形体、官窍的生理活动依靠气的运动才得以完成，脏腑、经络、形体、官窍之间的相互联系和协调也必须通过气的运动才得以实现。也就是说，人体整个生命活动都离不开气的升降出入运动。同时，人与自然环境之间的联系和适应也离不开气的升降出入运动，例如，人吸入清气、呼出浊气；摄入食物和水液，排出粪便及尿液、汗液等都是气运动的体现。气的升降出入运动是人体生命活动的根本，气的升降出入运动一旦停息，也就意味着生命活动的终止。故，《素问·六微旨大论》说："出入废则神机化灭，升降息则气立孤危。故非出入，则无以生长壮老已；非升降，则无以生长化收藏。是以升降出入，无器不有。"

### 4. 脏腑之气的运动规律

人体的脏腑、经络、形体、官窍都是气升降出入的场所。气的升降出入运动，也只有在脏腑、经络、形体、官窍的生理活动中才能得到具体体现。

脏腑之气的运动规律，有其独特之处，体现了脏腑生理活动的特性，也表现了脏腑之气运动的不同趋势。以五脏而分述之，心肺位置在上，在上者宜降；肝肾位置在下，在下者宜升；脾胃位置居中，通连上下，为升降转输的枢纽。以六腑而总论之，六腑转化物而不藏，以通为用，以降为顺。其在饮食水谷的消化吸收过程中，也有着吸取水谷精微和津液参与全身代谢的作用，总体是降，降中寓升。以脏腑之间关系而言，如肺主出气、肾主纳气、肝主升发、肺主肃降、脾主升清、胃主降浊以及心肾相交等，都说明了脏与脏、脏与腑之间处于升降的统一体中。而以某一脏腑而言，其本身也是升与降的统一体，如肺之宣发肃降、小肠的分清别浊等。总之，脏腑的气机升降运动在生理状态下，体现了升已而降，降已而升，升中有降，降中有升的特点和对立统一协调平衡的规律。

由于人体各脏腑之气的运动调畅，各脏腑之间的气机升降出入处于一个协调的对立统一体中，从而保证了机体不断从自然界中摄取人体生命活动所需物质，并通过气化作用升清降浊、摄取精微、排泄废物、维持物质代谢和能量转换的动态平衡，共同完成整个机体的新陈代谢，促进了生命活动的正常运行。

#### 5. 气运动失常的表现形式

当气的运动出现异常变化，升降出入之间失去协调平衡时，概称为“气机失调”。由于气的运动形式是多种多样的，所以气机失调也有多种表现。例如，气的运行受阻而不畅通时，称作“气机不畅”；受阻较甚，局部阻滞不通时，称作“气滞”；气的上升太过或下降不及时，称作“气逆”；气的上升不及或下降太过时，称作“气陷”；气的外出太过而不能内守时，称作“气脱”；气不能外达而郁结闭塞于内时，称作“气闭”。掌握这些运动失常的状态和机理，将有利于确立多种“气机失调”病变的治疗法则。

### （二）气化

#### 1. 气化的概念

气的运动而产生的各种变化称为气化。诸如体内精微物质的化生及输布，精微物质之间、精微物质与能量之间的互相转化，以及废物的排泄等都属气化。在中医学中，气化实际上是指由人体之气的运动而引起的精气、血、津液等物质与能量的新陈代谢过程，是生命最基本的特征之一，与古代哲学中气化是指宇宙万物的发生、发展与变化的概念有别。

2. 气化的形式

实际上，气化就是体内物质新陈代谢的过程，是物质转化和能量转化的过程。《素问·阴阳应象大论》所说“味归形，形归气；气归精，精归化；精食气，形食味；化生精，气生形……精化为气”，等等，就是气化过程的简要概括。因此，体内精气血津液各自的代谢及其相互转化，是气化的基本形式。如精的生成，包括先天之精的充盛和后天水谷之精的化生；精化为气，包括先天之精化生元气和后天之精化生谷气，以及谷气分化为营卫二气；精化为髓，髓汇入脑而化神；精与血同源互化；津液与血同源互化；血的化生与其化气生神；津液的化生与其化汗化尿；气的生成与代谢，包括化为能量、热量以及生血、化精、化神，并分化为脏腑之气和经气。如此等等，皆属气化的具体体现。气化过程的激发和维系，离不开脏腑的功能。气化过程的有序进行，是脏腑生理活动相互协调的结果。

## （三）气机和气化的关系

气的运动具有普遍性，生命活动是在气的不断运动过程中产生的，因此气的运动是产生气化过程的根本。气的升降出入运动以及气的阴阳双方之间相互作用，是气化过程发生和赖以进行的前提与条件。气是运行不息的，气化过程也自然是始终存在的。从另一方面来说，气化过程中寓有气的升降出入运动，气的各种运动形式正是从气化过程中得以体现出来的。《素问·天元纪大论》说："物生谓之化，物极谓之变。"突出说明气的运动及气化过程是密切相关的。气的运动及其所维持的气化过程永恒存在，分之为二，合之为一，不可间断，存在于生命过程的始终。气的升降出入运动维系了体内新陈代谢的协调稳定和生命过程的有序发展，气的运动及其气化过程的停止就意味着生命活动的终结。

## 四、人体之气的功能

气对于人体具有多种作用，归纳为以下几个方面。

### （一）推动作用

#### 1. 涵义

气具有激发和推动的作用。

#### 2. 表现

①激发和促进人体的生长发育和生殖。
②推动和促进脏腑、经络等组织器官的功能活动。
③推动精血津液的生成及运行。

### （二）温煦作用

#### 1. 涵义

气具有温暖机体的作用。

#### 2. 表现

①维持人体相对恒定的体温。
②温煦各脏腑、经络、形体官窍，维持其正常的生理活动。
③有助于精血津液的正常运行。

### （三）防御作用

#### 1. 涵义

气具有护卫肌表、抗御邪气的作用。

#### 2. 表现

①抵御外邪的入侵。
②驱邪外出，防止病邪损害机体。
③自我修复，恢复健康。

### （四）固摄作用

#### 1. 涵义

气具有固护、统摄和控制血、津液、精等液态物质，以防其无故流失的作用。

#### 2. 表现

①统摄血液，使其在脉中正常运行，防止其溢出脉外。

②固摄汗、尿、唾液等，控制其分泌量、排泄量，防止其过多排出及无故流失。

③固摄精液，防止其妄泄。

④固摄脏腑，保持其恒定位置。

## （五）中介作用

### 1. 涵义

气感应传导信息，以维系机体整体联系的作用。

### 2. 表现

外在信息传递于内脏，内脏信息反映于体表，以及内脏之间各种信息的相互传递。气弥漫于全身，是生命信息的载体，是脏腑、形体、官窍之间相互联系的中介。

## （六）气化作用

### 1. 涵义

气具有推动精、气、血、津液的化生和相互转化的作用。

### 2. 表现

体内精微物质的化生及输布，精微物质之间、精微物质与能量之间的互相转化，以及废物的排泄等都属气化。气化过程即人体新陈代谢过程。

### （七）营养作用

1. 涵义

气具有为脏腑功能活动提供营养物质的作用。

2. 表现

①水谷精微化生的气血，营养全身。
②卫气的温养。
③经络之气输送营养，濡养脏腑组织。

气的上述功能可分不可离，互相为用，密切配合，维持了人体正常的生理状态。

## 第三节　真气学说

从根本上说，学练八段锦的目的就是要补真气，真气是怎么形成的以及如何分布、如何发挥其作用功能等，真气学说给予阐释说明。

### 一、真气的概念

“真气”，又名“真元之气”“元气”“精气”“正气”，这些名字，都表示其在人体中的重要性。经过几千年的研究和实践证明，它是形成人体的物质基础，是维持人体生命活动的根本动力，并具有抗御病邪、防治疾病的作用。

## 二、真气的形成和分布

“真气”是父母“精气”（即“先天之气”）、天地之气和“谷气”合并组成。这在祖国医学《内经》中就已明确地作了阐述，指出“真气者，所受于天，与谷气并而充身者也。”（《灵枢·刺节真邪篇》）这里讲的“所受于天”，有两个含义：一是“先天之气”，二是“后天之气”。所谓“先天之气”是禀受于父母之“精气”，又称“元气”，它对婴儿以后的成长和健康关系非常密切。我们常看到有些人，由于父母“精气”虚弱，表现出先天不足，体弱多病。若不加以后天培养，则易夭折。所谓“后天之气”是指天地之气，又称“大气”，主要是人体所需的氧气，还有就是“谷气”，即人吃进去的营养物质所化生的精气，这三者都是人体生命活动不可缺少的基本物质。所以说，“真气”是由“元气”“大气”和“谷气”组成，缺一不可。而“真气”的分布，按照《灵枢·刺节真邪论》所说“充身”二字来理解，我们认为是指人体全身的每一组织、每一器官无不有“真气”存在。所谓“元气动而不息，巡于四方。”“元气者，无器不有，无所不至。”“四肢百骸，得此真元之气，血肉筋骨爪发荣茂，可以倚凭而能生长也。”（《素问·病机气宜保命集》）说明“真气”不停地运行于全身，而分布于人体的每个组织器官。

## 三、“真气”是形成人体的物质基础

众所周知，人体是由父母之精相结合而成。然而父母之精从何而来？这就有赖于“真气”。如果父母体弱，“真气”太虚，则不能生精，抑或虽有精而缺少“真气”充实于内，也不能怀孕。所谓“气合而有形”。（《素问·六节脏象论》）“人禀气而生。”（《张子正蒙》）“由气而化形。”（明宋应星《论气》）这些论述都说明人之形体是由“真气”聚合而成。所以说“真气”是形成人体的物质基础。

## 四、“真气”是维持人体生命活动的物质基础

人体离开母体后，也是靠“真气”来维持其生命活动。早在战国时期的气功养生家庄子就曾指出：“人之生，气之聚也，聚则为生，散则为死。”西汉王充说：“气于人生而不离。”“含气而长。”（《论衡》）晋代著名气功师抱朴子说“人在气中，气在人中，自天地至于万物，无不赖气以生者也。”（《抱朴子内篇》）这都说明人是靠“真气”来维持人体生命活动的。假如一个人的“真气”损耗，则将生病以至死亡，所谓“无气则死矣”，而人体生命活动也就完结了。

## 五、“真气”有抗御病邪的作用

人生活在宇宙中，无时无刻不与自然界的风、寒、暑、湿、燥、火“六气”接触，在正常情况下，这“六气”对人体生命活动是有益的。《素问·至真要大论》指出：“本乎天者，天之气也，本乎地也，地之气也，六节分而万物化。”说明“六气”乃天地阴阳之变化而产生，而万物赖之以生化。然而“六气”亦能危害于人，当人的“真气”虚弱时，“六气”趁虚而入，侵害人体，乃成为“六邪”，即所谓“外感六邪”而产生各种疾病。而当人体的“真气”充盈时，则“六气”又不足

危害人体。如《内经》所说：“邪之所凑，其气必虚。”“正气内存，邪不可干。”说明疾病的产生同人的“真气”虚弱有着密切的关系。

## 第四节 丹田气学说

“调息”有几种方式，其中就有丹田呼吸，丹田的具体位置以及作用如何？只有诠释清楚了，才可在学练健身气功中灵活运用。

### 一、“丹田”部位

“丹田”的位置有“上丹田”“中丹田”和“下丹田”之分。有人认为“上丹田”叫“泥丸”，在头顶“百会”穴内，而《黄庭经》则说“上丹田”叫“祖窍”，是在“印堂”穴内三寸的地方，在生理解剖上相当于丘脑部位。“中丹田”的位置，多数人认为在“膻中”穴内，称为“绛宫”，少数人认为在脐中。“下丹田”的位置，大都认为在小腹部，但具体的说法则不同，有说在“神阙”（脐中），有说在脐下一寸二分，有说在脐下一寸三分，有说在脐下一寸五分，有说在脐下三寸，有说在脐后与“命门”前正中，还有少数人认为在“会阴”穴处。为什么有这么多的说法？可能是因练功家在意守小腹时，各人的“得气”感觉不同，因而所定部位就稍有上下前后的差异。笔者认为，只要意守下腹部这一块地方，即使稍有上下前后偏移，都可以“得气”而取得效果，在练中体悟，体悟中习练，持之以恒，会有属于自己的认识和感悟。

## 二、意守“下丹田”与“丹田气”

“真气”聚集、贮存于“丹田”时，即称为“丹田气。”

所谓“意守丹田”，即指“下丹田”。又，《丹书》所谓“穴”“元关”“玄关”“玄牝”“玄冥”“元窍”“元华”“中宫”“中黄”“内肾”“北海”“坤腹”“月中桂”“神室”“神炉”“内鼎”“虚危穴”“紫府”“龙官”“调所”等都是指的“下丹田”。它位居人体中心，其范围包括“关元”“气海”“神阙”“命门”等穴，自然包括这些穴位的作用和“肾间动气”的功能；它是任脉、督脉、冲脉经气运行的起点，是“真气”升、降、开、阖的枢纽；也是男子藏精、女子养胎的处所。总观《难经》《类经》以及有关道家论述，认为“下丹田”乃是“性命之祖”“生气之源”“五脏六腑之本”“十二经之根”“阴阳之会”“呼吸之门”“水火交会之乡”。故，历代养生家以“下丹田”为锻炼、汇聚、储存“真气”的主要部位。所谓“丹田为气禀之源，犹若果实受气于蒂，坎离上下，以此为中宫，气脉升降，以此为基地，……人诚能以却病延年之法，敬而行之，或行或坐，或立或卧，念念不忘，旬日之间，气血循视而不乱，精神内固而不摇，衰者起，萎者愈，疲癃转康健之躯，枯槁回温润之色，顿觉增精补髓，养气助阳，睛目光明，身轻力健，百病减除，功简而效速，诚为保身至道，祛病之秘诀也。”（《养生肤语》）这些论述都说明了意守“下丹田”的重要意义。指出“丹田”是“真气”升降出入的基地，常常“意守丹田”，可收强身、防病之效。而“真气”聚集、贮存于“丹田”时，即称为“丹田气”。气功重视“丹田气”的锻炼，使“真气”逐渐在“丹田”部位聚集、贮存起来，并使“丹田气”充实旺盛，就可调动人体潜力，使“真气”能循任脉、督脉、十二经脉以及为络脉通畅运行创造条件，从而达到健身强体、延年益寿的目的。

## 第五节 健身气功之气

“调心、调息、调形”是健身气功的调节手段，调息——即调气，或谓“健身气功之气”，也是长期习练健身气功群体极为关切的问题。由以上四节可以看出人体“气”的多样性，那么，什么是“健身气功之气”？它有哪些属性？

### 一、健身气功之气概念

可以将健身气功之气定义为维持、调节人体生命所需要的精微物质。维持——即维持人体生命所需要的气体物质，包括中医理论和西医理论上关于人体生命所需的气体物质；调节——即在意识的指导下，也谓调心的作用下，运用肢体语言的导引，影响、改变人体生命气机的变化，从而影响人体功能变化的物质。精微物质——即分子状态、原子状态、电子状态，或现代科技手段无法检测的至微物质。

### 二、气的特性

#### （一）能量性

众所周知，根据爱因斯坦的质能方程$E=mc^2$，能量等于质量乘以光速的平方。这是物质本身的能量，包括了物质所有的能量，如化学能、动能、势能等。健身气功之气具有物质的特性，也具有能量属性。是一种能对生命过程产生作用的“生物能”，在人体中不停地运动，产生动能、势能；发生化学变化的时候，还有化学能。例如：在人体中的常见化学反应——葡萄糖+氧气→水+二氧化碳+Q（热量），这个化学反应是放热反应，是人体有体温的主要生化反应之一，体现出化学能。为了使这些能量产生更好的作用，健身气功主要通过“调心、调息、调身”的“三调”方式实现。

### （二）质量性

质量是物质的基本属性，健身气功之气仍然具有物质所具有的质量性。从医院患者吸氧这个事例上可以理解这个道理。

### （三）统一性

健身气功之气与“气一元论学说”“中医气学说”“真气学说”“丹田气学说”等具有一致性，或者说都是健身气功之气的不同层面的表述，是构成人体和维持人体生命的最基础物质，也是提高、开发人体潜能的基本物质。

在研究生命现象的本质上，健身气功之气与分子生物学基本范畴具有统一性。因为分子生物学是从生物大分子结构和功能水平上阐述各种生命现象的前沿学科，从分子水平研究基因和基因的活动，研究生物大分子核酸与蛋白质的结构与功能、生命信息的传递和调控。

健身气功之气还具有相应的物理性质、化学性质以及人们未知的性质。

## 三、健身气功之气的作用

### （一）物理效应

#### 1. 红外辐射效应

上海原子核研究所曾做过一个实验，发现气功师习练者劳宫穴散发的气含有一种“受低频涨落调制的红外辐射”，但其能量功率只有十分之几微瓦，远不及理疗用红外辐射几十瓦到几百瓦的能量功率，气功师发功的能量虽低，治病效果却远超过理疗仪器。

#### 2. 低频磁场效应

北京工业学院测出气功习练者的意守部位有1.25～4高斯的磁场强度，而且气功习练者在发出磁场信息时，常伴随一些特异现象，例如可经得起钢条猛击等。

#### 3. 次声效应

次声波（infrasound wave）是低于16赫兹人耳听不到的声波，可传千里之远。中国徐州医学院测出气功习练者的穴位能发出频率在9～10赫兹的次声波。

#### 4. 静电效应

一般生物组织不显示电特性，但实验测出气功习练者的穴位有静电效应。

### 5. 液晶效应

人体细胞膜具有液晶结构。清华大学在1983年做过实验，气功习练者对着液晶发功时，可以改变液晶的双折射发生不同的变化，改变液晶中的分子排列，据此推衍，气功有可能影响细胞内外物质和能量的运输过程。

## （二）生理效应

### 1. 脑波

气功能使脑部α波有序化增强，令大脑功能处于全脑共振的状态，可能使人可以主动控制内部器官。

### 2. 新陈代谢

根据美国哈佛大学的测试，练气功时耗氧率下降16%，二氧化碳排出量降低14.6%，心跳率每分钟平均减少5次，心血输出量降低25%，乳酸浓度下降26%。测试结果显示，练习气功能减缓新陈代谢、降低人体能量的消耗。

### 3. 皮肤电

练功者皮肤电阻值远高于一般人，显示练功者自律神经稳定性较高。

### 4. 体温

上海第六人民医院测试，练功可使练功者体温上升或体温下降。

#### 5. 血液循环

在练功状态下，心率每分钟减少约5次，但意守部位血流量明显增加，气功师可以使身体各部分的血流量发生重新分配。另外的测试得知，练功也能使胆汁、肾上腺素的分泌量增加。

#### 6. 生化参数

练功可以改变血液的酸碱值、降低血浆皮激素浓度，能够延缓老化，增强免疫力。

#### 7. 人体能量

德国物理学家舒曼（W.O. Schumann）认为地表与天空电层之间的球形苍穹之处，相当于电学上所谓的空穴谐振器，其谐振频率为8～10赫兹，称为“舒曼波”。气功习练者在练功时脑波维持在10赫兹以下，能与之发生谐振，有人认为舒曼波就是“先天气”。日本东京大学笠松章与平井富雄两位博士也做了一项实验，发现禅定中的僧人，10赫兹左右的α波会频繁出现，超觉静坐法（Transcendental Meditation）则将其称为除了“清醒意识、做梦意识、睡眠意识”等三种意识外的“第四意识”。

### （三）医疗效应

#### 1. 癌症的康复

北京的一个疗养院教病人练气功有利于癌症的康复，根据许多研究单位的实验，证实气功可以抑制、破坏癌细胞的生长，台湾荣民总医院也做过同类的实验，证实气功习练者所发的气可以破坏癌细胞。濮阳湿地公园辅导站站长仇风民2013年在濮阳市人民医院、濮阳油田职工医院检查出肝癌，2013年3月，在郑州大学第一附属医院做微创，2013年5月、7月在濮阳油田职工医院分别做两次介入手术。2015年开始习练健身气功，五年来每天坚持习练健身气功，2014年至2018年的年度体检中，都显示未痊愈。2019年3月在濮阳油田医院住院检查，肝功能一切正常，未检查出癌细胞。

2. 免疫

经实验证实，气功可使细菌的菌体肿胀、破裂及溶解，抑制细菌的生长。因此，经常进入气功状态可将免疫力发挥到极致。

3. 慢性病的辅疗

各医院采用气功疗法证实气功对治疗高血压、血栓闭塞性血管炎、胃溃疡、瘫痪等慢性病有显著效果，这方面的实验报告不可胜数。气功除了人体实验外，也有利用仪器发出的气来治病的，称为磁波治疗法。波长越短的磁波对细胞的破坏越强，如X光、γ射线（治癌用），一般磁波波长为3000~6000米，但日本藤山常一发明的磁波放射器波长更长，在这些磁波照射下，可增加全身细胞活力和血球生命力，促进荷尔蒙分泌，并可调节神经机能。

由上述的说明得知，长久以来科学界的气功研究报告已堆积如山，气功在物理、生理、医学上的一些效应，几乎已完成了全面性的检测及实验，尤其在气功治病的范畴更投入了大量的人力、物力，其效果也获得大多数人的肯定。

## （四）中医效应

### 1. 动力作用

健身气功之气是推动人体生命活动的内在动力。《灵枢·脉度》中记载：“气之不得无行也，如水之流，如日月之行不休。”气的永恒运动属性，决定了人的生命形气转化循环往复的无穷过程。气始终处于形气转化的过程中，人的生命活动也是如此，生生不息。即“器者生化之宇，器散则分之，生化息矣”。（《素问·六微旨大论》）气能对人体生命过程产生作用，起到滋养、防御等作用。即人体“有气则生，无气则死”。（《管子·枢言》气是真实存在而至精至微的生命物质，是生命活动的物质基础，负载着生命现象。人生所赖，惟气而已。“惟气以形成，气聚则形存，气散则形亡”“气聚则生，气散则死”。（《医门法律·明胸中大气之法》）

### 2. 调节作用

《素问·五运行大论》提出“怒伤肝、喜伤心、思伤脾、忧伤肺、恐伤肾”。从气的来源得知，人体之气的充足与否有赖于全身各个脏腑的综合协调作用，其中与肾、脾胃和肺的生理功能密切相关。肾为生气之根，肾藏为先天之精，并受后天之精的充养，先天之精所化生的元气是人体之气的根本。脾胃为生气之源，脾主运化，胃主受纳，共同完成对饮食水谷的消化吸收。水谷之精及其化生的血与津液皆可化气，水谷之气布散全身脏腑经脉，成为人体之气的主要来源。肺为生气之主，肺主气，主司宗气的生成，宗气积于胸中，上走息道行呼吸，贯注心脉行血气，下蓄丹田资元气。健身气功通过牵拉、伸展、挤压、拧转等姿势来达到对全身及脏腑的按摩和血液的供给。诸多脏腑的功能协调配合，则人体之气的生成来源不断，人体之气得以充足旺盛。中国医学气功学会汇集了一大批专门以气功或谓以“调息”为手段来改善、影响身体健康状况的人才队伍。在2020年初的新冠肺炎流行期间，习练健身气功提高身体免疫能力，为战胜新冠肺炎起到了积极作用。

### （五）发掘效应

经过持之以恒的健身气功习练，我们会感到气在体内的不同变化，以气催形的实在表现。在意识的指导下，气的运动路线、方向、终点，感触较深。身体不同部位也有相应感受，气与外界物质的交流也比较明显。久而久之，人体的潜能得到发掘，身体素质得到提高。

## 第六节　调息方法

在健身气功的习练过程中，多数情况下建议或要求自然呼吸，特别是在动作套路不太熟练的情况下，将意识专注在动作上，关于“气”的把握则强调顺其自然，以自然呼吸为主。甚至在很多讲座上，主讲老师强调别管呼吸，只管动作操作。笔者根据多年的习练体悟，以及和新学员的交流学习中，先讲呼吸方法，经简单训练，再讲动作，是可以接受的。因为呼吸也是动作，或者说调息是调形的特殊形式，二者密不可分，是人体生命与外界环境之间气体交换的过程。随着动作的熟练，动作与各种呼吸方法的配合，才会有更好的健身效果。调息的方法主要有以下几种。

## 一、自然呼吸

是指在不加任何意念的情况下，不改变自己的正常呼吸方式，顺其自然地呼吸，或称胸式呼吸。其特点是吸气时胸部膨出，呼气时胸部回缩。支点在胸部，气的出入门户在口鼻。空气通过口鼻进入胸腔，胸腔里的气通过口鼻排向体外。气的出入方式有：鼻吸鼻呼、鼻吸口呼、口呼口吸、口吸鼻呼。

## 二、顺腹式呼吸

是指吸气时腹部膨出，呼气时腹部回缩。其特点是呼吸支点在腹，气息只在腹腔。吸入气量小，气的力量大，鼻吸口呼。

## 三、逆腹式呼吸

是指吸气时腹部内收，呼气时腹部隆起。其特点是呼吸支点在腹，内在气息在腹腔。鼻吸口呼，呼出气的力量很弱，有点像打哈欠，重点在呼气。具体操作是：以鼻作自然呼吸，以口缓慢呼吸，同时启动和引导内在之气。

## 四、停闭呼吸

是指呼、吸之间或之后停顿片刻后再呼或吸的方法。一次停闭呼吸一般不宜超过2秒。主要形式有：吸—停—呼、吸—呼—停、吸—停—吸—呼。

## 五、提肛呼吸

是指在吸气时收提肛门及会阴部肌肉，呼吸时放松肛门及会阴部肌肉。

## 六、其他呼吸

发音呼吸，例如六字诀、风呼吸，例如跑步时的气喘吁吁，呼吸时伴有声音；三字真言呼吸等。

# 第四章　易理与调形

“形正则气和”是孙禄堂常说的一句名言。这是实实在在的拳经，明确了“形正”是练功的第一要素[1]。正所谓“形正气顺”。

形、意、息三者的正确运用及其有机配合是健身气功修炼的内在奥秘。形，就是练功时的姿势及动作，练功者就是通过动作的导引使体内气机产生变化的。适合生理、自然的姿势、动作，不但可以促使心神安宁和气运自然，而且对疾病也有一定的防治作用。如站桩，是学练健身气功的入门基础，对改善神经衰弱、身体虚弱、肠胃疾病等就有明显的作用。如果姿势不正确，没有做到全身放松，练功就容易出偏。所谓“形不正则气不顺，气不顺则意不宁，意不宁静则神散乱”。练形要做到刚柔相济，动静相兼，松而不懈，紧而不僵。练功者应该结合自身的体质、病情等具体条件，选择适合自己习练的功法[2]。

形，是指形体，包括人体的脏腑、皮肉、筋骨、脉络及充盈其间的精血。中医认为，“形乃神之宅，有形方有神”。晋代著名养生学家嵇康说：“形恃神以立，神须形以存。”张景岳说：“吾之所赖者，唯形耳，无形则无吾矣。”又说：“精血即形也，形即精血也。”说明保养形体（包括保养精气）至关重要。

---

[1] 孙玉奎. 形正则气和［J］. 中华武术，2016（9）：65.

[2] 陈新元. 练气功必须把握其内在的奥秘［J］. 气功，1997（8）：351-352.

# 第一节　调形概述

## 一、形的渊源

形气神最早见于西汉时期的著名典籍《淮南子》，它指出人体生命是由形、气、神三个要素构成，这三个要素是相互关联、相互影响的一体。《淮南子·原道训》中说：“夫形者，生之舍也。气者，生之充也。神者，生之制也……形为生之舍；气为生之充；神为生之制。”这里的“形”是人体生命活动的基础，是生命活动的房舍。它包括脏腑组织、四肢百骸、皮肉筋脉骨等，以及分布于体内起滋润濡养作用的精微物质。凡有形实体均属“形”的范畴。《道枢·胎息篇》指出：“神者生形者也，形者成神者也，形神合同，更相生，更相成。”《道家养生要言辑要》中指出：“气者形之根，形者气之神。”在健身气功中的“形”，其目的就是引体令柔，是根据人体血液流行的法则，做功时身体的感受由背部转到前面又转回背部，然后再加上意识，用意念把它引导而转。导引属于运动方面的，五禽戏、八段锦、易筋经等都是导引功法的具体体现。导引对人体健康具有作用是因为人体的两个作用，一个是外在的运动，一个是本身内在的运动，即使静坐不加引导，它本身也在运动。气血流经顺着固有的那个规律自己在流行，这个运动就是所谓的“静中之动”。因为运动之故，身体自然健康。

## 二、形的重要性

形为生命活动的根基，它是“气”存在、运行、变化的场所。《素问·刺志论》中说：“气实形实，气虚形虚，此其常也，反此者病。”张介宾指出：“盖形以寓气，气以充形。有是形当有是气，有是气当有是形。”

《管子》中说：“形不正，德不来。”将对形的锻炼提升到了道德修养的高度。同时指出：“形正摄德，天仁地义，则盈然而自至……德全于中，则形全于外……”说明在日常生活中，注意强调自己的身形。

《嵩山太无先生气经》中说：“是以摄生之士，莫不练形养气以保其生，未有有形而无气者，即气与形，相须而成。”

## 三、如何调形

如何调养形？中医认为，动以养形。因为运动可以提高大脑、心肺和胃肠的生理功能，可以使骨骼坚实、肌肉发达，对提高抗病能力大有好处，故有人把运动称为“生命的滋润剂”“青春的美容师”。但是，片面地强调运动又会引起弊端。国外一家保险公司在追踪了5000名已故运动家的寿命和生前健康状况后发现，有些人在45岁左右就患了心脏病，许多人的寿命比普通人还短。由此认为，过分剧烈和持久的运动是造成这种情况的重要原因之一。如美国女排明星海曼、短跑名将格里菲斯·乔伊娜的猝死，都与运动过度或剧烈运动有一定关系。

应该怎么动呢？中医认为，动勿过极是关键。正如《黄帝内经》所云："形劳不倦、不妄作劳以养形。"华佗也指出"体欲常劳，劳无过极。"唐代大医药家孙思邈在谈到如何健康时举了一个生动的比喻，灯用小烛，小烛节油，灯可以长期光亮，人也是如此。国家体育总局健身气功管理中心编创推广的健身气功强调"动作徐缓、呼吸匀长、节奏平稳、协调自然"的运动，正是古人形劳不倦、适动养形的具体体现。如何做到"适动养形"呢？笔者认为，一要身正，做到"顺项提顶、肩平而顺、松腰敛臀、舒胸气沉"。二要体松，做到"欲体松、神宜静、内外结合、贯穿其中"。三要遵守运动三原则：有恒（长期坚持）、有序（循序渐进）、有度（运动量适度），"强度大小要恰当，操之过急要严防，一曝十寒不可取，比赛莫把输赢讲"。

健身养形，则心神充沛。调护心神，则益于修身健形。《周易》指出："昔者圣人之作易也，将以顺性命之理。"这里说的是《周易》重视人的同时，十分重视人的生命及其运动规律。《周易·系辞上》说："范围天地之化而不过，曲成万物而不遗。"是要求人们以天地自然为法，来规范人的行动，以顺应自然，普利万物。《周易·系辞上》原注谓："顺天施华，是欢乐于天，识物终始，是自知性命；顺天道之常教，知性命之终始故不忧也。"说明其养生，首要是顺其自然，其次强调人的作为。《周易·序卦》说："有天地然后万物生焉，盈天地之间者唯万物，故受之以屯；屯者盈也，屯者物之始生也。物生必蒙，故受之以蒙；蒙者蒙也，物之稚也。物稚不可养也，故受之以需，需在饮食之道也。""万物出乎震"。《周易·序卦》说："震在动也，物不可以终动，故受之以艮，艮者止也。物不可以终止，故受之以渐，渐者进也。"同时说道："物畜然后可以养，故受之以颐，颐者养也，不养则不可动。"说明了《周易》认为人物始生，困难重重，养生之道，首在饮食。生命在于运动，而动必有静。养生贵在动静结合，而动必有饮食营养，不养则不可动。

《灵枢·本神》篇曰："智者之养生也，必顺四时而适寒暑，和喜怒而安居处，节阴阳而调刚柔，如是则僻邪不至，长生久视。"这说明了其养生的保健原则，即顺应自然规律、生命运动的规律。

《周易》用人体和天地自然相比拟，如《说卦》所说："乾为首（天），坤为腹（圯），震为足（雷），巽为股（木），坎为年（水），离为目（火），艮为手（山），兑为口（泽）。"古人称八卦为"八索"，"八索"和则天圯交寿，人物繁荣。同时指出必须动静结合，《周易·系辞上》说："夫乾其静也专，其动也刚，是以大生焉。"还说道："动静有常。"并提出："时行则行，时止则止，动静不失其时，其道光明。"《大载礼记·易本命篇》说："动必以道，静必以理；动不以道，静不以理，则自夭而不寿。"《庄子·天道》的论述也提出"虚则静，静则动，动则得矣"。

《易筋经》指出："精气神元形之物也，筋骨肉有形之物也，必先练有形者为无形之佐，培元形者为有形之辅。若专培无形而弃有形则不可，练有形而弃元形则更不可。所以有形之身必得无形之气相依而不相违，乃成不坏之体。"

说了这么多，那么，调形应该从何入手呢？《礼记》中有这样的论述："射者正己而后发。"如果只在一般意义上理解，那就是说射箭手先要端正自己的姿势，然后放箭。而从更深层次来看，"正己而后发"所讲之理与优秀的中国传统体育项目——健身气功的调身、调息、调心有妙笔神通之处。接下来，以健身气功动作来进行调形的说明。

首先，注重调身。如，八段锦中的左右开弓似射雕，在调形时，目视左（右）掌，左（右）掌成八字状推出立腕、臂抻直，右（左）手变爪成拉弓状，转头、扩胸、收腹、敛臀，马步下蹲，两脚掌、脚趾用力扒地，并使意念、气机将涌泉穴、肩井穴贯通。这些动作的技术要求凸显内修性、外调形的道理。所以，透过“正己而后发”的箴言，发现在历史长廊里书写的百步穿杨、一箭中的、羿射九日等典故，无不展示出气定神闲、力发于中的文化魅力。

其次，注重内观。通过反反复复的习练，慢慢地就可感悟出：“射者，发而不中，则不怨胜己者，反求诸己而已矣。”也就是说射手调节好心态，从身心两方面锻炼来提高技艺，而不是怨恨超过自己的强手。这样，对手则成为推动自己长进的另一只手。由此而从文脉的更深层面追溯内观自省的道理，则可从老子的《道德经》里找出悟道的方法：“常无欲以观其妙，常有欲以观其缴；此两者同出而异名，同谓指玄，玄之又玄，众妙之门。”“常无欲”与“常有欲”就是通达天地运演之理、事物生、长、休、囚之理以及生命因生与衍生之理的内观结果。内观不仅是一种观察的方法，更是一种生存方法。事实上，每个个体都处于宇宙之内、环境之内，也都处于心灵之内、精神之内。同样，个体都处于群体之内，而群体也同样处于个体之内。所以，健内助外，内观自省，天人合一的生命律动观，有助于人们重新拾起生命的自觉。

最后，注重意境。习练时要在功法的旋律中怡养情愫，当与旋律共舞，身心完全融入于音乐的意境。这里所说的意境是指习练时要与音乐相和，踏着音乐的节拍做动作，包括呼吸吐纳须随着音阶、音符、音域而律动。古时在射的程序中有个三番射，比射时有音乐伴奏。乐工演奏《诗经·召南》中的《驺虞》，乐曲的节拍要演奏的均匀如一，“不鼓不释”！凡是应着鼓的节拍而射中靶心者则为胜。这与习练左右开弓似射雕的动作也有异曲同工之妙。伴随音乐习练功法，即可掌握动作的柔和连贯，也可把握呼吸的深细匀长，更为重要的是音乐的优美旋律对人的身心健康极为有益，也可陶冶情操。所以，和着音乐的旋律习练健身气功，会收到意想不到的效果。

总而言之，练功修性亦如习射。“善射者，内志正，外体直，然后持弓矢审固；善射者，持弓矢审固，然后可以言中；善射者，左右开弓，可以观德行。”这些古老的文脉里流淌着鲜活的健身养生、怡情养性的民族血液，闪耀着先哲的智慧之光。

## 第二节 常用的身形与身法
## ——以健身气功为例

健身气功的身形、身法与健身气功的运动特点密切相关。只有把身形、身法的技术要求掌握了，结合其运动特点，才能把手足等组合成一个动作协调的有机整体，实现健身养生的目标[1]。八段锦属于健身气功项目，每一式动作也可结合不同身形来练习。

### 一、健身气功常用身形的种类及应用

健身气功的身形，主要包括三个要素，一是身体的方向和脊柱弯曲的方向。二是脊柱弯曲倾斜的角度。三是脊柱旋转的方向和角度，来维护身体稳定的形态。

[1] 巩黎辉. 健身气功常用身形身法［J］. 健身气功，2013（6）.

## （一）身形的种类

健身气功的身形有立身、俯身、仰身、侧身、拧身五类。其中，立身有并步立身及其他各种步型的定步立身。俯身有弓背俯身、直背俯身、卷屈俯身三种。仰身有平视反躬仰身、昂首反躬仰身两种。侧身有正侧身、斜侧身两种。拧身有直脊拧身、屈脊拧身两种。

## （二）各种身形的要求及应用

（1）并步立身：这是健身气功最基本的身形，要求双脚并拢立身中正，两臂自然垂于体侧，全身放松，收颌顶悬，舒胸收腹，心平气和，目视前方。八段锦的预备势和收势都是这一身形，即使在功法动作中，并步转换时也必须保持的身形。

（2）定步立身：是指在不同步型的定步动作中，身体躯干保持直立中正的身形。要求在做出不同步型、手型的同时，保持立身中正，不歪不斜，不俯不仰。例如八段锦攒拳怒目增气力的马步立身、背后七颠百病消的提踵平衡步，就是一种定步立身。

（3）弓背俯身：与此身形相对应的是等肩开立步或后坐步，要求含胸收腹，两臂内旋，低头俯身，后背拱圆，低头不超过30度。八段锦中没有这种身形，但可以在学练前后，有意识增加这种身形的锻炼。

（4）直背俯身：此身形一般为等肩开立步，并伴有手臂前摆动作，要求身体前俯要达到90度，挺胸塌腰，抬头，后背平直。例如八段锦的双手攀足固肾腰中的两手反穿往下摩运，就有弓背俯身的过程，当双臂引领上体时，则是直背俯身。

（5）卷屈俯身：此身形为等肩开立步。要求身体前俯时由头部开始，经颈椎、胸椎、腰椎到骶椎，自上而下依次逐节牵引向前卷屈。还原动作则自下而上依次逐节伸展直立。八段锦中没有这种身形，但可以在学练前后，有意识增加这种身形的锻炼。

（6）反躬仰身：此身形为等肩步。要求送髋挺腹，身体后仰，腿微屈，上身与腿呈反躬状 ，挺胸收腭，头微后仰，目视前方或前上方。八段锦中没有这种身形，但可以在学练前后，有意识增加这种身形的锻炼。

（7）昂首仰身：昂首仰身要求幅度小,两腿自然直立或马步，塌腰翘臀，翘颌。八段锦中没有这种身形，但可以在学练前后，有意识增加这种身形的锻炼。

（8）正侧身：侧身有并步、丁步等，要求两肩部水平侧倾，同时保持胸部不俯不仰正面向前，使脊柱向体侧弯屈。八段锦中没有这种身形，但可以在学练前后，有意识增加这种身形的锻炼。

（9）斜侧身：斜侧身向斜前或斜后45度方向弯屈。并且两肩与两髋水平经有夹角。八段锦中没有这种身形，但可以在学练前后，有意识增加这种身形的锻炼。

（10）直脊拧身：一是脊柱垂直姿态下拧转，二是脊柱水平姿态下拧转。不论脊柱垂直还是水平，拧转时脊柱都是伸直的。八段锦中没有这种身形，但可以在学练前后，有意识增加这种身形的锻炼。

（11）屈脊拧身：要求脊柱在弯屈倾斜的姿态下拧转。八段锦中没有这种身形，但可以在学练前后，有意识增加这种身形的锻炼。

## 二、常用身法的种类及应用

健身气功的身法概括地讲就是指调身的方法，调整身体形态、动作的方法。人体主要由头、颈、躯干、四肢组成，调整头、颈、躯干形态和动作的方法都属于身法。

### （一）身法的种类

健身气功的身法包括头法、肩法、背法、腰法、臀法、脊法六大类。其中，头法有抬头法、侧转法、缩头法、低头法、摇头法。肩法有展肩法、旋肩法。背法有前俯拱背法、后坐拱背法。腰法有塌腰法、推腰法、抻腰法。臀法有摆臀法、旋臀法、顶髋法、提髋法。脊法有卷帘法、旋拧法、涌动法。

### （二）各种身法的要求及应用

#### 1. 头法

（1）抬头法：是头法中采用最多的方法，在目前11种普及功法、4种竞赛功法中都有所运用。要求颈椎向后弯屈，头向正前抬起，目视前上方，同时挺胸塌腰，脊柱伸直或反躬。因功法动作不同，抬头时身体呈直立、前倾、前俯三种。比如八段锦两手托天理三焦的直臂上托身体直立，由抬头还原中正。

（2）侧转法：即头向两侧旋转的方法。侧转又分为收颔平转、撅颌侧上转和俯身侧转。基本要求是保持身体不动或微动，只做颈部转动。收颌平转，要下颌内收，转头时保持百会穴垂直向上，两眼在同一水平线上侧转。例如八段锦五劳七伤往后瞧的旋臂转头就是一种收颌平转。

（3）缩头法：即头颈向下、内缩的方法。缩头法要与耸肩法相结合，即端肩和缩脖同时进行，肩颈的运动方向相反。

（4）低头法：即收颌低头，目视胸腹或前下方，使颈椎向前弯屈，一般还有上肢的动作相配合。例如八段锦两手攀足固肾腰中的两手反穿低头。

（5）摇头法：在八段锦摇头摆尾去心火一势中有所运用。摇头的同时，还要有身体的侧转俯仰，尾闾的对拉摆动，重心的左右转换相配合，可谓牵一发而动全身。因此这个摇头以丹田为中心，由头部摇转引领全身。

### 2. 肩法

（1）展肩法：是肩法中最主要的方法。要求两肩向两侧舒展，开胸夹脊，同时有手肘的动作相配合。肩的开合还要与开吸合呼的呼吸规则相一致。例如八段锦五劳七伤往后瞧的旋臂展肩吸气的配合。

（2）旋肩法：又叫摇肩法，分双摇、单摇、交叉摇，双摇要求按照展肩、提肩、合肩、沉肩的顺序，双肩同时依次向前或向后摇肩。交叉摇两手扶于肩上，要以腰带肩带臂绕立圆，两肘前后摆起要一致这种肩法练习可作为学练八段锦的功前准备。

### 3. 背法

（1）前俯拱背法：即身体向前倾斜俯身，含胸垂臂，圆背向上拱起。要求两臂内旋前摆，与垂线呈30度夹角，两脚与肩同宽，足跟上提，收腹提肛，向上拱背，目视双手。做前俯拱背要含胸、垂肩，不要做成俯身提肩。这种背法练习也可作为学练八段锦的功前准备。

（2）后坐拱背法：一般为后坐步，前后两脚距离一脚左右，不可过大，要向前敛臀，后凸命门向后拱背。这种背法练习可作为学练八段锦的收功方式，来强化八段锦的练功功效。

### 4. 腰法

（1）塌腰法：即塌腰挺腹法，要求塌腰翘臀，挺胸抬头，身体反躬。这种腰法练习可作为学练八段锦的功前准备。

（2）推腰法：即双手抵腰前推，身体反躬后仰，缓缓吸气，收颌向前平视。这种推腰法结合八段锦双手攀足固肾腰中的两手摩运，提高腰部的运动能力。

（3）抻腰法：即拉抻腰部的方法，要求以腰为中心，肩胯上下对拉拔长，腰腹放松伸展，缓缓吸气，四肢绷紧，上引下牵。这种抻腰法可以结合八段锦双手托天理三焦进行练习。

### 5. 臀法

臀法又叫臀胯法，是从臀胯两个角度展现的身法。包括摆臀法、旋臀法、顶髋法、提髋法。

（1）摆臀法：要求臀向左右两侧摆动，头或肩随之同向摆动，使脊柱侧屈，头尾相合，腰的两侧一开一合。这种摆臂法可以结合八段锦摇头摆尾去心火进行练习。

（2）旋臀法：要求臀的摆动路线呈水平圆弧线，头的旋转与臀的旋转方向或相反，或相合。例如八段锦摇头摆尾去心火的摇头摆尾，头尾对拉伸长，旋转方向相反，各自在不同的水平面上做孤线运动。

（3）顶髋法：要求髋部向左右两侧顶出，使腰的两侧一松一紧、一开一合，上身保持正直，不能前俯后仰。这种顶髋法也可作为学练八段锦摇头摆尾去心火的分解动作来进行。

（4）提髋法：要求提起的腿、踝肌肉放松，用腰侧肌群收缩提起髋部，牵动大腿，带起小腿和脚踝，做出向前迈步的动作。这种提髋法可结合单式八段锦背后七颠百病消进行重复性练习。

### 6. 脊法

脊法是身法中具有统领性的身法，脊法将各种身法联系统一为一个有机整体，是特别重要的身法。具体可分为卷帘法、旋拧法、涌动法。

（1）卷帘法：是指脊柱各关节像卷帘门一样，从上至下向前逐节依次卷屈，从下至上逐节依次伸展的方法。要求卷屈和伸展的次序不能颠倒。这种卷帘法可作为学练八段锦双手攀足固肾腰的准备动作。

（2）旋拧法：是脊法中采用最多的方法，有直脊旋拧和屈脊旋拧两种。直脊旋拧要求脊椎竖直，各关节顺时针或逆时针方向旋转。屈脊旋拧要求在脊椎纵向旋拧的同时侧屈。直脊旋拧和屈背旋拧都可作为学练八段锦之前的功前准备。

（3）涌动法：即脊椎各关节像波浪一样涌动的身法。涌动的方向是正前方，起动的关节是骶椎，从下向上经腰椎、胸椎、颈椎逐节涌动，并最后传达到上肢的梢节手指。这种涌动法可以作为学练八段锦的整理活动来进行，以巩固其健身效果。

## 第三节　调形的要领

学练健身气功有其层次性，“形不正则气不顺，气不顺则意不宁，意不宁则神散乱”，说明了调形的基础性、重要性。所以，我们在健身气功锻炼中应正确掌握健身气功功法的动作要领和方法。笔者在练功、教学以及结合部分专家的成果，总结“调身”要领如下[1]。

### 一、百会虚领

在健身气功功法中，所有身体中正的姿势动作，都要求百会虚领，只有百会向上领起，才会“尾闾中正神贯顶，满身轻利顶头悬”感觉。百会虚领在调形中甚为重要，对它的练法有许多不同的认识和理解。笔者认为只要下颌微收、百会轻轻向上领起，就有利于真气的运行。当然，这样做是在颈部自然放松、头自然正直的状态下完成的。百会向上领起之意既不可太过，也不可不及，用意太过易僵，不及则易懈，只有在长期学练中，才会恰到好处。

### 二、眉心舒展

眉心，指两眉之间中点的连线处，中国古代养生技术称眉心

[1] 中国健身气功协会. 健身气功调身的锻炼要领 [EB/OL]. https://www.sohn.com/a/224566865_808572.

为“慧中”，从中医穴位的角度说这个地方叫做印堂穴，是眉心与情绪乃至整个心理活动的最敏感的部位，所以眉心舒展，一方面具有清脑明目、通鼻开窍、安神益智的作用。另一方面有助中断烦恼，调整情绪。在健身气功理论中，眉心属于上丹田，古语有云：“上丹田，藏神之府也。”“脑为髓海，上丹田。”由此，眉心舒展对于学练者而言，可去除杂念，尽快进入练功状态。

## 三、垂帘内观

垂帘，指两目半开半闭，微闭双目。内观就是反观内省，感受自己的气息。内观有利于气功学练中排除杂念、杂思，净化大脑，入静而守神。古人认为，人身之神出入目中，五脏精华亦聚于目。通过意守时两目内观，使神不外驰，且意念集中，易于入静。

## 四、舌顶上腭

舌顶上腭的作用，一是可以加强津液的分泌。津液是人身之宝，“气是添年药，津是续命芝”。现代医学研究发现，口中津液含有人体必需的氧化酶和激素成份，对调整机体、增进消化、防癌均有益处。二是通过舌自然微卷，轻抵上腭，强化任督两脉，促进气血的周流。

## 五、面带微笑

五脏六腑、四肢百骸在面部都有特定的投射区域，面部皮肤薄嫩，身心的各种状态都会在面部有所体现。对于面部表情——笑，弗赖伊博士说："笑是一原地踏步运动，能使人延年益寿。"清代《祛病歌》曰："人或生来气血弱，不会快乐疾病作。病一作，心要乐。心一乐，病都祛。"科学实验证明，"笑是减轻紧张情绪的有效方法"。由此，微笑是快乐的一种表现以及放松形式。人在微笑的时候，大脑进入一种无杂念的状态，能使人从紧张的状态中释放出来，在此状态中学练功法，能提高功效。

## 六、沉肩坠肘

沉肩，有助于把上肢和躯干真正联结起来，上肢的气血和躯干的气血就会畅通无阻，全身的气血才能由脊背达于两臂而至手指梢节，调节手三阴、手三阳之气。松肘才能使肩更沉更松，沉肩松肘有助于含胸拔背，有利于气沉丹田，进而加强任督二脉气血的畅通、真气的运行。

## 七、含胸拔背

学练健身气功时胸部放松，稍内含不外挺，背脊伸直放松，这样的姿势有利于任督二脉气血的畅通。胸要自然内含，使脊背正直，身体中正平稳，有助于元气的运行。

## 八、松腰松腹

古语云："腰为肾之府，命门之宅，腹为练气之炉。"腰腹又是通脉运气之要关。腰腹放松有助于练气和运气，并利于尾闾保持中正，任督二脉保持畅通。正所谓"命意源头在腰隙。"

## 九、收臀松膝

收敛臂部，放松膝关节，命门微开才可使百会与尾闾在一条垂直线上，这样有利于真气的运行，同时，还有利于疏通足三阴、足三阳之气，促进气血的运行。

## 十、十趾抓地

脚趾为足三阴、足三阳经交会之处，脚十趾抓地，可刺激足部经脉，加强气血运动，调节相应脏腑的功能。练站式时脚要平踏，且脚趾扣地，以利于身体稳定，真气上行。

## 十一、塞兑返听

老子说："塞其兑，闭其门。"从生理养生角度说，塞兑，是轻合其嘴，不可咬牙紧缩。返听，是使听觉归于自身以断外界干扰。使嘴微闭，使听觉反归自身，以绝外扰，利于练功入静。

综上所述，健身气功习练中最基本的要领是放松、入静，而放松是入静的前提和基础，调身有助于入静，如果在练功过程中结合健身气功的运动特点并能够做到以上调身要领，会收到很好的练功效果。

# 第五章　易理与八段锦[1]

## 第一节　预备势（混元桩）

### 一、动作要领

**口诀**：两足分开平行站，横步要与肩同宽；头正身直腰松腹，两膝微屈对足尖；双臂松沉掌前抱，手指伸直要自然；凝神调息垂双目，静默呼吸守丹田[2]。

注：一到八式口诀均来自百度文库。

①两脚并拢，虚领顶劲，齿唇轻闭，周身中正。眉心舒展，展眉落腮。两臂垂于体侧，松腕舒指，中指腹轻贴裤线。腋下虚掩，胸部舒展，腹部放松。目视前方。（图5-1）

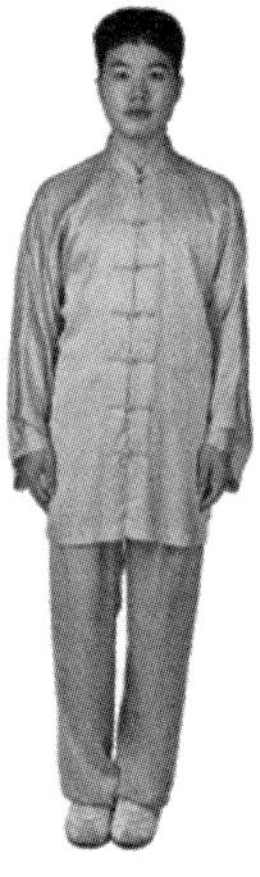

图5-1

[1] 国家体育总局健身气功管理中心. 健身气功·八段锦[M]. 北京：人民体育出版社，2018.6

[2] 百度文库. 八段锦口诀[EB/OL]. https://wenku.baidu.com/link?url.

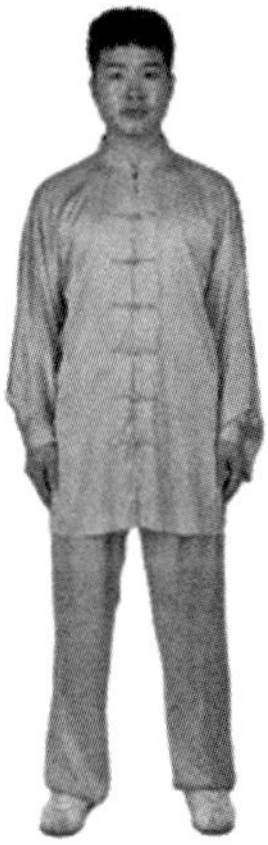

图5-2

②随着松腰沉髋，身体重心移至右腿，左脚向左侧开步，约与肩同宽，脚尖虚点朝前，逐步脚跟落实，继而重心平移至两腿之间。目视前方。（图5-2）

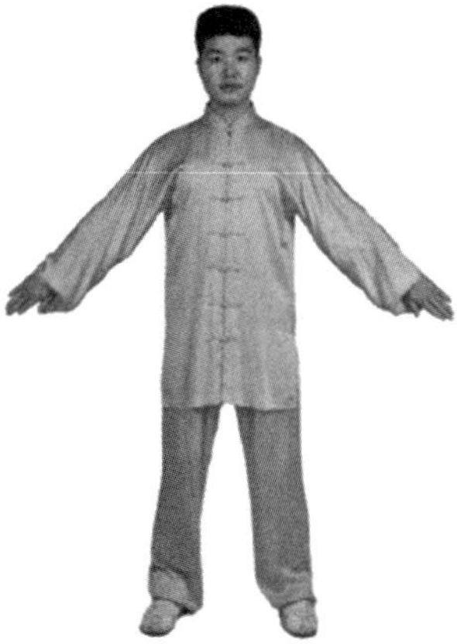

图5-3

③两臂分别向两侧内旋、摆起，手臂与身体夹角约45度，掌心朝后，手臂的摆度不超过身体的平面。目视前方。（图5-3）

④两腿膝关节弯曲，且身体重心垂直下降；两臂以肩为轴外旋，两掌心向前，合抱至斜前方45度后，屈肘、屈腕成站桩姿势，掌心向内，与脐同高，两掌指尖间距10~20厘米；目视前方。（图5-4）

图5-4

## 二、呼吸方法

在初期学练预备势时，以自然呼吸为主，随着学练时间的延长，逐渐过渡到顺腹式呼吸。当动作自动化后，可结合动作采用逆腹式呼吸进行练习。两臂侧起，吸气。旋臂，停闭呼吸。前拢合抱，呼气。过渡动作以自然呼吸为主。

## 三、易理

### （一）混元桩外形

对八段锦的桩功要求，《内功经》曰：“头正而起，肩平而顺，胸出而闭，背园而正，腰稳而实，足坚而稳，膝曲而伸，裆深而藏，肋开而张。”其实是说混元桩站桩的姿势外在要求。我们按照人体结构从上到下说起。

“头正而起”就是我们所说的虚领顶劲。要求百会穴向上虚领，下颌微收。顶劲是心中一念之正气，上冲至顶，直达百会，不领不能自主，领过则悬，领不起则塌，前不能压喉舌，后不能缩玉枕，要恰到好处。

“肩平而顺”是说的松肩坠肘。肩关节是人体的主要关节之一，上肢灵活与否，关键在于肩关节能否松开。肩是两条胳膊之根节，根节动，必带动梢节同时运作，肩不能松，则其梢节滞慢难随。沉肩主要是肩胛骨与上臂向下松开。肘是上臂与下臂相互连接的枢纽，肘位于胳膊之中节，灵活于中。手与肩以肘关节旋转协调上下，肘活显于手与肩的动作。沉肩坠肘就是把肩往下沉，将肘向下坠，起到促使气血往手梢节上运行的作用。其生理反应是肩膀有被向下拉的感觉，手指肚有微微发胀之感。沉肩的动作不光给胳臂的运动提供了一个稳定有力的支点，更重要的是它把上肢的运动和躯干的运动联系在一起。沉肩做到位了才能实现由身法带动上肢，坠肘则使前臂运动的准确性得到更好的保证。同时坠肘使得前臂的运动和上臂的运动紧密地联系在一起，使整个胳臂的运动贯通一气。

“胸出而闭，背圆而正”是说的含胸拔背。含胸准确地说是含肩头，锁骨下面的这块儿肌肉收缩，把肩头往里拉。胸既不挺也不凹。含胸其意有三：一是可以防止挺胸，如果挺胸则会导致气壅胸肌，难以下沉，形成上挪下架的姿态，身桩不和，运动时间稍长，会有气喘或胸闷的感觉。二是可使胸部扩展增大肺活量，吸入更加充足的氧气，以滋养身体细胞，增强体质。三是促进肌肉内收促使胸腔气血下沉。背部是由脊骨肋骨和两膀组成的一块比较平整的部位。脊骨所在处是督脉通道所在，督脉属于阳脉之海。在练功时以中气贯注，气贴于背，力由脊发。通过拔背使背部肌肉自然舒展，循脊骨自然生理弯曲，其上下尽量中正，身体左右部分以脊骨为轴线而运转。含胸拔背是肩胛骨与上臂向左右松开，肩带肘，肘带手，先内旋，然后外旋向前向外掤出，身体重心下降，背向后拔是肩胛骨与上臂向前松开。

“肋开而张”是说两肋骨缝俱要极力张开，以合出肋之势，胸和背前后平行对应，它是由肋骨和脊骨构成的外体躯干部分的支架，保护着内脏器官的正常运行。在练功时胸和背必须自然放松，只有肋骨张开才能扩大胸腔的面积，才能使肺心所在处空间加大，以利于心肺的放松。肺脏放松呼吸方能自然深长，气方能深入丹田，做到上虚而下实。心主神，心脏放松才能精神安静，进而正常思维。肝脏主血，肝脏放松可以促进血液流通，防止气滞血瘀，避免练功时犯急躁情绪。肝火一动则横气填胸，浊气逆行。脾脏主意，其放松能使意念专一，练功时，内意缠绵不断，外形如行云流水。肾主骨主志，肾脏的放松，能够促使气敛入骨，使中气出入畅行无阻。

“腰稳而实”。腰在两胯以上软肋以下，带脉之处谓之腰。腰是上下连接之枢纽，也称为主宰。以腰为界，腰以上要虚含，腰以下要沉实。上虚则灵，下实则合、则固。腰两侧为两仪运行时，一边为阴一边为阳。脊骨必须在上领下坠之势中把附于其上的筋肌拔开，腰才能旋转灵活自如，腰活才显身灵，腰以上清气上升，腰以下浊气下降。虽上下相夺之势，只要把深层腹斜肌向上提才能做到腰稳而实。如果把腹斜肌向内收缩，就能促使中气集聚于小腹，久而练之则能出现腹压增大，丹气增强。练功时要丹田内转，引导动作运作。

“裆深而藏”是说将前阴向后缩起，自然得藏。开裆的方法是前裆合，中裆虚，后裆圆。撑成拱形，骨盆悬空自然下行，身体自然竖正，腰劲自然放松、顶劲自然领起。

“膝曲而伸”。是说膝的功用需内曲外直，既有向上的支撑力又有向下的伸张力。

"足坚而稳"。腿为人体基础，脚为全身之根，身体整合全靠根基。足为腿之梢节，周身之根节，梢为阳，根为阴。固此足乃阴中抱阳之所，阴阳互济之寓，阴阳转换全在于此。

### （二）站桩时身体各部分之间的相互关系

《内功经》曰："按肩以练步，逼胯以坚膝，圆裆以坚胯，提胸以下腰，提骸以正项，贴背以转手，松肩以出劲，折天柱以下气。"练习步法是将肩开之劲沉至足底涌泉穴。如人负重时，不自觉地就会松肩将重心下移。坚膝必须使两胯向前向下裹，两膝微向里合。坚胯必须将裆由内向外用力横撑，贵在开圆，圆则合。只有将前胸极力提起，将腹斜肌拉起腰才能稳而实。颏向上用力提起来，项自然而然就位于正确位置。两背骨极力地贴合住，就会感觉内劲从丹田中发至六腑，向外转出，至手骨而又返回。用意念将肩井穴松开，气将行驶无阻。将风池穴松开，将天柱穴上顶，气自然就下去了。

总的来说，虚领顶劲要贯穿在整个练功过程之中，且虚领顶劲是松肩坠肘的前提，顶劲不虚领，松肩坠肘就做不成。而松肩坠肘又是含胸拔背的基础。如果肩浮于上，失去依托，含胸就成了空中楼阁。大脑在虚领顶劲的状态下发出气沉丹田的意念，就可以促使浊气沉于小腹丹田部位。如果大脑失去顶劲，则很难保持清静专注的状态，就易于惰气参，逆气横。

### （三）气的运行与呼吸

内功经曰："气调而均，劲松而紧。先吸后呼，一出一入，先提后下，一升一伏，内有丹田，气之归宿，吸入呼出，勿使有声。下收谷道，上提玉楼，或坐或立，吸气于喉，以意松下，渐至底收。升有升路，肋骨齐举，降有降所，俞口气路。”练功时，若不使脏气受到损伤，必须使气如抽丝从鼻孔而出，此气如果不能调整均匀，就无法使其归入丹田。因为人的呼吸是随心而动，必须做到心静，才能调整好自己的呼吸。呼气时要将劲松开，体形松展，似大雁下落。吸气时要意随气行走，而必须将内劲收紧。因为只有在人体放松的状态下，才能将其收紧到极致。所以练功时要以松用紧，而非以紧用紧，这就是内三合之意。呼吸出入时，要将气调整到均匀细长，并且不能听到呼吸的声音，更不可用口呼吸。吸气时要给其意念，使气上升至头顶，呼气时使气下降至脚底。气随意念上升时，使气深藏于丹田之内，天长日久便会感觉到其气在周身渐渐聚积坠入丹田，像龙一样蛰伏腹中，像虎一样卧伏体内，岿然不动。练功时要提肛收腹，防止真气下泄，只有将玉枕穴往上提起，气下行时才能畅通无阻。无论是站着或坐着练功，气的出入必须经过喉才算得到气行驶的正确路线，以使气入于肺心肝肾等脏器，气虽然沉于丹田，但在意念上必须有沉入脚底涌泉之势方可称妙。

当气升时，要从两肋骨缝中升起，所以两肋骨必须极力张开，气下降时，必须从脊骨俞穴而透入到前心的位置才是正确路线，才算是找到气行驶的诀窍。

### （四）八段锦起势（混元桩）的象

孔子在《易传》中立教的要义是“中”，是“时”。大过乎中的叫大过，小过乎中的叫小过。无论怎么看怎么反转，都为中的是乾坤坎离四正卦。而四偶卦，巽兑震艮全部过乎中。所以在六十四卦中泽风（䷛）为大过，雷山（䷽）为小过。而圣人教人于二四三五同功异位，大过变小过，小过变大过，全是在三四爻中反复其道。大过六爻变为颐（䷚），小过六爻变为中孚（䷼）。而《中孚象传》曰：“中孚利负，乃应乎天也。”应呼天则合乎天气的变化。而明寒暑相推，则阴阳二气的感应的道理尤为明显。从易经的方圆图可知，卦气起自中孚九二，代表冬至一阳生，所以生阳气以中孚为开始。究其原因为中孚上卦巽于后天八卦在东南方，下卦兑于先天八卦位于东南，其上下卦先后天同位，所说叫孚，孚者，合也。从数上说，中孚之中以五合十，故为生，而泽风大过则是以十合五，为死象，其卦（䷛）象为死人用的棺材。

图 5－5 为中孚卦，从中孚卦而言，其初、二、三爻构成兑卦，二、三、四爻构成震卦，三、四、五爻构成艮卦，四、五、六爻构成巽卦。若从整个中孚卦上看，它又是一个放大的离（☲）卦，而离伏于坎，所以中孚卦中有坎（☵）象。

图5－5

中孚卦下卦为兑，兑为金为泽，金坚固，泽为水润下，所以站桩时人的下盘必须坚固，内劲向下行。中孚上卦为巽，巽为风为气，为阴木，草木生长向上，风、气往上漂，所以人在站桩时要虚领顶劲。中孚卦中二、三、四爻构成震卦，震为动，为阳木，其阳爻为一阳初始为天地之心，九二在兑卦中有向下动的功能，而在震卦中有向上的功能，所以站桩时要求膝部既有向上的提拉还有向下的延伸。中孚卦三、四、五爻构成艮卦，艮为止，所以中孚卦中的六三、六四爻在震卦中要动，但在艮卦中又不让动，动与不动互相作用，所以两劲相互作用就形成了旋转，因此，人在站桩时，要丹田转动，而离卦为太阳为火，所以人在站桩时会发热。

### （五）真气运行的主要经络

在中孚卦中含有兑、巽、震、艮、离之象，并伏一坎，根据八卦与经络的对应关系，我们可知站桩时，气的运行经络有手太阴肺经、手阳明大肠经、足厥阴肝经、足少阳胆经、足太阴脾经、足阳明胃经、手少阴心经、手太阳小肠经、手厥阴心包经、手少阳三焦经、足少阴肾经、足太阳膀胱经十二条经络，且每四条相应经络在人体内形成一个小的循环。

### （六）从西医角度分析练功对人体的生理影响

大家都知道，横隔膜将人的胸腔和腹腔分开，而横隔膜的上升、下压一定会在适当的范围内运动。当横隔膜下压时，胸腔会变大，从而增大了肺心活动的空间，从而使人能够吸到更多的氧气，增强心脏的泵血功能。而横隔膜的下压也会使腹部的积血被压向身体的其他部位，从而加快血液循环，能使体内细胞吸收到更多更充足的营养。当横隔膜上升时，你会感到从你的尾闾部有气沿背上升直达头顶。这与《内功经》中所说的“龟尾升气，丹田练神”相吻合。

### （七）健身效果

增强下肢支撑力、增重、减肥，对多种慢性病有较好疗效，安全可靠。

## 第二节　双手托天理三焦

### 一、动作要领

**口诀**：十字交叉小腹前，翻掌向上意托天；左右分掌拨云式，双手捧抱式还原；式随气走要缓慢，一呼一吸一周旋；呼气尽时停片刻，随气而成要自然。

①两臂外旋下落于小腹前，掌心朝上，掌指尖相距以及小指外侧离小腹处均约10厘米。目视前方。（图5-6）

②两掌五指分开交叉于小腹前。目视前方。（图5-7）

图5-6

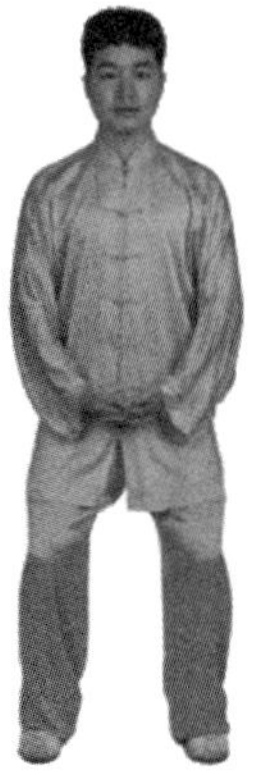

图5-7

③两膝逐渐伸直，重心缓慢上起；同时，两臂屈肘外展，两掌垂直向上托至胸前，掌心朝上。目视前方。（图5–8）

④两臂内旋至掌心朝上，两掌向上托起，肘关节微屈。抬头，目视两掌。（图5–9）

图5–8

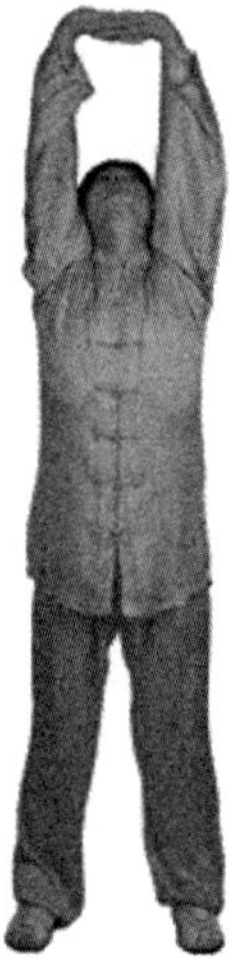

图5–9

⑤两掌继续上托，肘关节由屈逐渐伸直；同时，还原直项，下颌内收；动作略停，两臂保持抻拉。目视前方。（图5–10）

⑥两膝关节弯曲，重心缓慢下降；同时，十指慢慢分开，两臂分别向体侧下落至斜下方45度时再屈肘，两掌捧于腹前，掌指相距约10厘米，掌心朝上。目视前方。（图5–11）

本式托举、下落为1遍，共做3遍。

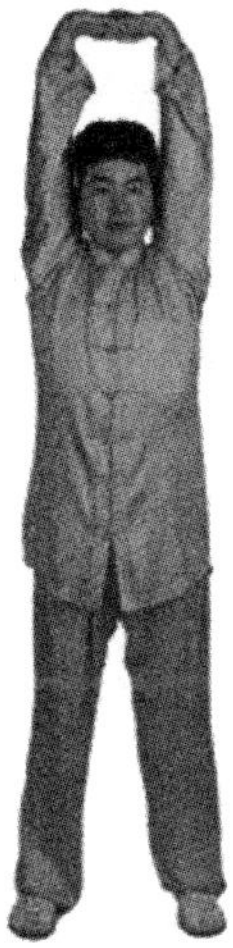

图5-10

图5-11

## 二、呼吸方法

两手上托，吸气。达到最上方，停闭呼吸。两臂分开下落，呼气。

## 三、易理

### （一）什么是三焦

三焦是指人体上、中、下三焦，属于六腑之一，位于胸腹之间的一个腔子。其中胸膈以上为上焦，包括心、肺等脏腑；胸膈与脐之间为中焦，包括脾胃等；脐以下为下焦，包括肝肾、膀胱、大小肠等。其主要作用是可疏布元气和流行水液。元气为人体最根本的气，是生命活动的原动力。元气藏于肾，通过三焦别入十二经脉而到达五脏六腑，所以三焦也被称为元气之别使。因为三焦通行元气于全身，是人体之气升降出入的通道，也是气化的场所，三焦有主持诸气，总司全身气机和气化的功能。如果元气虚弱，三焦通道运行不畅或衰退，就会导致全身或某部位的气虚现象。

### （二）双手托天理三焦的象

双手托天理三焦的象为风雷益（䷩），其上卦为巽，下卦为震，其二、三、四爻构成坤卦，三、四、五爻构成艮卦。大家都知道，任何万物的发展都有始、有壮、有究，震是由坤一阳变而生成的，巽是乾卦一阴变而生成的。震巽是阴阳变化的开始，开始总要有终结之时，所以可问其究。

在《杂卦传》中，强调人的修为跟自然界的架构，即所谓的天人合一，人要顺天，但不能放弃人本身的主观努力。在根据自然法则修行的同时，又不能过分干扰、破坏自然的平衡。在《序卦传》中，泰否在第十一、十二的位置，而损益在下经也是第十一、第十二的位置，这就是所谓的天人相应。《杂卦传》还提出人修为到一定境界，天就是人，人就是天，天人是合一的。本来在自然卦序中泰否是第十一、十二的位置，《杂卦传》中换成了损益，此时的人已经是巧夺天工，更是耐人寻味。

我们都明白，易经中的理气相数都是相通的。根据益卦，我们完全有可能打破时间和空间的限制（时与位）。当我们一旦真正通晓了时空的奥秘，修为高的人就有可能跳脱时空的限制，发挥自己更大的创造力。

益卦《象传》曰："风雷，益；君子以见善则迁，有过则改。"由此可见风与雷上下没有区别，内外浑然一体，身心合在一块，做到一动无有不动。心动意动身动，心静意静身也静。巽为阴木，震为阳末。在易中木就是生，风雷相薄，阴阳结合就会生生不息，又益卦为上巽（☴）下震（☳）之卦，坤在乾中，正是阴阳二气相互感应，天地互感而万物则会化生。

### （三）真气运行的主要经络

由益卦象可知，双手托天理三焦所去经络有手少阳三焦经、手厥阴心包经、足少阳胆经、足厥阴肝经，而这四条经又形成一个小循环。从这一动作来看，象是四肢和躯干的伸展运动，和伸懒腰相似。伸懒腰是人体常见的生理现象。从西医学讲，加剧四肢运动和身体躯干活动可以影响胸、腹腔血的流向分配。有利于肺部扩张，使呼吸加深，吸进更多的氧气，对消除人体疲劳有一定的作用。从中医的角度来看，肝胆主疏泄，畅全身气机。胆主决断，胆喜宁谧而恶烦扰。提拉胸腹、拔伸腰肾可以促使全身上下的气机流通，水液布散，从而周身都得到元气和津液的滋养。经过多年练习八段锦的实践体悟，当双手交叉上托时要让之前与肩同宽的双脚微向里扣，这样有利于足少阳胆经的打开，《内经》云："凡十一脏取决于胆。"这样就可先打开元气之别使的通道。胆为阳木，象应春天，阳气上升，气候由寒变暖，气以胆壮，邪不可干，万物萌发生机。

足少阳胆经为半表半里之经路，能通达人体全身的阴阳之气，在人体的生理活动中具有主生发、通阴阳的特殊作用。一年之计在于春，春生到万物生。故，胆为中正之官。

在这一式动作中，当我们将双手交叉上托时，就把我们的手厥阴心包经打开了，手厥阴心包经起于胸中，属心包络，下膈，历络三焦；其支者，循胸出胁。其支者，别掌中，循小指次指出其端，交于手少阳三焦经以上贯肘，以上肩入缺盆布膻中，散落心包，下膈，循属三焦，出项耳后，以交颊至目锐眦，交于足少阳经循身侧下行，其支者，别跗上入大指之间，循大指趾骨内出其端，还贯爪甲出三毛交于足厥阴肝经，起于大趾丛毛之际。①厥阴肝经上出额，与经脉会于巅（百会）。②手少阳经别：指天别于巅。③足少阳经筋：上额角交巅上。巅者，山顶，头部。这静心就顺利地从胸运行至手上。只有手厥阴心包经先打开才能顺利地交给手少阳三焦经从手至头，再交给足少阳胆经，从头至足，最后交给足厥阴肝经从足至腹，完成一次小循环。当我们仰头，双手上举托天时，将会提拉我们的任脉和足阴阳胃经、足太阴脾经，为下式动作做准备。

## （四）健身效果

有利于元气、水液在全身的布散与气机的升降。可调理三焦，畅通任、督二脉和手三阴三阳经及脊柱相应节段。同时，可扩张胸廓，使腹腔、盆腔脏器受到牵拉、按摩，促进气血运行，提高脏腑机能。同时，对防治肩部疾患、预防颈椎病具有良好作用。

# 第三节　左右开弓似射雕

## 一、动作要领

**口诀**：马步下蹲要稳健，双手交叉左胸前；左推右拉似射箭，左手食指指朝天；势随腰转换右式，双手交叉右胸前；右推左拉眼观指，双手收回式还原。

①松腰沉胯、重心右移，左脚向左开步站立，两腿膝关节自然伸直，身体中正；同时，两臂屈肘，两掌上提，手腕交叉于胸前，掌根约与膻中穴同高，两掌心朝内，左掌在外。目视前方。（图5–12）

②沉肩坠肘，左臂外旋坐腕成八字掌，指尖朝上。同时，右掌屈指成龙爪。目视前方。（图5–13）

图5–12

图5–13

③两腿缓慢屈膝成马步，上体中正。左掌向左侧弧形推出，腕与肩平，指尖朝上，坐腕，肘稍屈。右龙爪向右平拉至肩前，像拉弓射箭之状，形成抻拉。目视推掌方向。（图5-14）

④身体重心水平右移，左腿膝关节由屈稍变伸直。左手指由八字掌变成自然掌，掌心斜朝前。右手指成自然掌，以肘为轴，前臂内旋，向上、向右划弧，腕与肩同高，掌心斜朝前，指尖朝上。目视右掌。（图5-15）。

图5-14

图5-15

⑤重心继续水平右移，左脚收回并拢，膝关节由屈到直，并步站立；同时，两掌分别由两侧弧线下落，屈肘，捧于小腹前，指尖相对，掌心朝上，间距约10厘米。目视前方。（图5-16）

⑥右式动作同左式动作，唯左右相反。（图5-17～图5-21）

图5-16

图5-17

图5-18

图5-19

图5-20

图5-21

⑦本式共做一左一右的动作。最后一个动作时，重心继续水平左移，右脚收回，与肩同宽，膝关节弯曲站立。两掌分别由两侧弧形下落，屈肘捧圆于小腹前，指尖相对，间距约10厘米，掌心朝上。目视前方。（图5-22）

图5-22

## 二、呼吸方法

两腿直立，手臂交叉、搭腕时，吸气。马步开弓时，呼气。回收并步时，停闭呼吸。而后自然呼吸。

## 三、易理

### （一）左右开弓似射雕的象

左右开弓似射雕的卦象为泽雷随（䷐）。随卦在六十四卦中是一个比较特殊的卦，其他卦皆有上下卦二五之位，唯独随卦与之不同。随卦的爻位只是以初随二，二随三，三随四，四随五，五随上，依次相随。随卦上兑下震，震动而兑悦，自然相随。二、三、四爻构成艮卦，三、四、五爻构成巽卦，上爻至三爻互泽风大过卦，上爻至二爻互泽山咸卦，二爻至五爻互风山渐卦，初至四爻互山雷颐卦，一卦全备八卦之用，所以卦辞曰“元亨利贞”而“天下随时”。随卦虽然没有贵贱位之分，但各爻有其各自的本位，阴阳相随而不相忤，仍各守其位，自尽其责，不相越，不相渎。随卦《象征》曰：“泽中有雷，随。君子以向晦入宴息。”“晦”是说兑卦的方位，是日落西山的时候，日出而作是下卦震，跟着太阳起来，“向晦入宴息”，在临近黄昏时，就要赶快回家休息。在后天八卦中震在东方，而兑在西方。震代表动，兑为泽为水有润下的功能，在随卦中二、三、四爻形成艮卦为止，三、四、五爻形成巽卦为阴木，为风。无论阴木、阳木都有生发的功能。所以无论从方位或随卦中的四个三爻卦的功能，它们之间既相互作用，也构成了相反方向的矛盾。从象中可知做左右开弓的射雕这一式时，要下随上动。虚领顶劲与后坐下蹲形成对拉。两只胳膊用力方向相向，呼气拉弓时应把腰撑圆。

## （二）真气运行的主要经络

从象上可知所走经络有手少阳三焦经、手厥阴心包经、足少阳胆经、足厥阴肝经、手太阴肺经、手阳明大肠经、足阳明胃经、足太阴脾经。当做拉弓时，左手拇指、食指成八字状，放松其余之手指，食指形成背弓，右手成虎爪状，用力拉至右肩前，虎爪锁定在云门穴、中府穴上。转头目视左手食指指尖，意念在商阳穴上，此时食指指尖应有微麻的感觉。在拉弓时，我们一定要在呼气的情况下进行，顺势挺胸、夹脊，以调理我们的宗气。《灵枢·邪客》曰："宗气积于胸中，出于喉咙，以贯心脉，而行呼吸。"宗气一方面上出于肺，循喉咙走息道，推动呼吸；另一方面贯注心脉，推动血行。三焦为诸气运行的通道，宗气还可沿三焦向下运行于脐下丹田，以资先天之元气。《灵枢·刺节真邪》中还指出宗气可由气海向下注入气街（足阳阴经脉腹股沟部位），再向下行于足。当我们两掌相合，重心移至右后，左足提起开步足趾用力抓地，并吸气使其身体向上行。足趾用力抓地，小腿用力上挺，极大限度地刺激隐白、大敦、历兑等穴。从而刺激足少阳胆经、足厥阴肝经、足阳阴胃经和足太阴脾经。足厥阴肝经，其支者，复从肝别贯膈，注肺中，交于手太阴肺经在食指商阳端，交于手阳明大肠经于鼻根部，交于足阳明胃经于大趾内隐白交于足太阴脾经。其支者，注心中，交于手少阴心经。这样，左右开弓似射雕调理了人体经络的又一个小循环。手太阴肺经打开，变给手阳明大肠经，让足阳明胃经降下去，交给足太阴脾经再回到腹部。肺为相傅之官，治节出焉，主宣发肃降，调节气机。

### （三）健身效果

首先，左右开弓时，利于扩大胸腔、增大肺通气量、回心血量和打开上焦；通过八字掌坐腕翘指、龙爪置于肩前云门穴处，可有效刺激手太阴肺经、手阳明大肠经，对于改善微循环、增大肺活量、提高心肺功能及指关节灵活性具有促进作用。其次，下蹲成马步时，可加强股四头肌、小腿后侧肌群等肌肉收缩，能有效发展下肢力量，促进血液回流。最后，扩胸展肩、转头，可加强颈椎、胸椎的运动，纠正局部小关节的异常位置，调节颈、肩、胸、背部肌肉平衡，有利于矫正驼背等不良体态，防治颈椎病、肩周炎等疾患。

## 第四节　调理脾胃须单举

### 一、动作要领

**口诀**：双手重叠掌朝天，左上右下臂捧圆；左掌旋臂托天去，右掌翻转至脾关；双掌均沿胃经走，换臂托按一循环；呼尽吸足勿用力，收式双掌回丹田。

①身体重心随着左臂内旋上抬，慢慢上起，左掌与胸同高，掌心朝内，指尖斜朝上。右臂内旋，右掌心朝向腹部，指尖斜朝下。目视前方。（图5-23）

②左臂内旋，翻掌上举，上托至头左上方，指尖朝右，力达掌根，掌心斜朝上，肘关节微屈；同时，右臂继续内旋，右掌下按，离右胯旁约10厘米，力达掌根，掌心朝下，掌指朝前，肘关节微屈，形成上下抻拉状态。目视前方。（图5-24）

图5-23

图5-24

③松腰沉胯，两腿膝关节微屈，重心下降；同时，左肩下沉，左臂屈肘外旋下落至与胸同高，掌心朝内。右臂外旋前拢，右掌拢到腹前，掌心朝内。目视前方。（图5-25）

④两腿膝关节弯曲，身体重心下降；同时，两臂外旋，左手下落，两掌捧于小腹前，掌心朝上，掌指尖间距约10厘米。目视

前方。（图5-26）

⑤右式动作同左式，唯左右相反。（图5-27～图5-30）

图5-25

图5-26

图5-27

图5-28

图5-29

图5-30

⑥本式共做一左一右的动作。最后动作时，右臂外旋，右掌根朝前，掌指尖朝后。两膝关节弯曲，身体重心下降。右掌向前弧形下落，按于胯侧旁约10厘米处，掌指朝前，掌心朝下。两掌下按，两肘微屈。目视前方。（图5-31、图5-32）

图5-31

图5-32

## 二、呼吸方法

起身、手臂内旋上举时，吸气。两手上托、下按时，停闭呼吸。手臂下落、两手合抱，呼气。

## 三、易理

### （一）调理脾胃须单举的象

这一式阴掌撑天，阳掌下按，象为地天泰卦（䷊）。泰卦是天地交泰，天在下，地在上。我们知道乾卦（☰）一定是往上、往外扩充的，而坤卦（☷）的地气一定是下降的，所以泰卦是阴阳充分交流的象。另外，泰卦的初爻与四爻相应，二爻与五爻相应，三爻与上爻相应，不但与天地上下交流，而且相对应的爻也是互补的。这就是泰卦彻底沟通交流的象。爻跟爻交流，上卦跟下卦交流。泰卦上卦坤纯阴、下卦乾纯阳，中爻二至四为兑、三至五为震。上至二互地泽临（䷒）。二至五互雷泽归妹（䷵），五至初互雷天大壮（䷡），四至初互泽天夬（䷪），上至三互地雷复（䷗）。泰卦的《象传》曰："天地交，泰。后以财成天地之道、辅相天地之宜，以左右民。""君"为群之首，"后"即主事者，人自身交者"心"也。财成即裁成，智也。心主心智，心为火，生火者木也，在身体中肝为木，脾为土，木克土。

## （二）真气运行的主要经络

由象可知，调理脾胃须单举形成任督二脉的循环。督脉为阳脉之海，任脉为阴。当阴掌上举、阳掌下按时，两臂两手的伸拉之力便会极力地伸拉两肋及两腋，从而使人体的足厥阴肝经和足少阳胆经被伸拉开。同时，对腋的伸拉与挺胸便于手太阴肺经被打开，经过木克土和土生金的作用，这式动作有效地刺激到足太阴脾经和足阳明胃经。在这一式中，左右上肢松紧配合上下对拉拔伸，也能够牵拉腹腔，对脾胃起到很好的疏通作用。做这一式时，从抱球桩两手心向上行至中脘穴，然后再分开一手穿掌向上至头顶用阴掌撑天，而另一只手阳掌下按，并辅助调节气机，有助于人体的消化吸收，增强营养。中医认为，脾胃是人体的后天之本，气血生化的源泉，脾主升发清气，胃主消降浊气，与其象合。从这一式动作我们知道真气经过任督二脉、肝经、胆经、肺经、脾经、胃经。

## （三）健身效果

首先，经过上举下按成定势时，大脚趾有意下压，可刺激足太阴脾经的隐白等穴位；抻拉、挤压两胁与中脘、任脉，可刺激足太阴脾经的大包穴和肝经的章门穴以及背部的脾俞、胃俞等穴，促进胃、肠蠕动。还可以调节脊柱两侧肌肉、韧带的张力和刺激内脏神经，对提升五脏六腑尤其是脾胃的功能有促进作用。其次，两手上托下按的过程中，利于脾的升清功能和胃的降浊功能，改善人体消化、吸收能力。最后，两掌上下对拉，使脊柱两侧肌肉相反方向用力，椎体两侧形成上下相对运动，增强了脊柱的灵活性与稳定性，利于防治颈、肩疾病等。

## 第五节　五劳七伤往后瞧

### 一、动作要领

**口诀**：双掌下按指向前，翻掌封按臂内旋；头应随手向左转，引气向下至涌泉；呼气尽时平松静，双臂收回掌朝天；继续运转成右式，收式提气回丹田。

①两腿徐缓膝关节伸直；沉肩，两臂伸直，掌心朝后，指尖朝斜下方。目视前方。（图5-33）

②头向左后方转动，展肩扩胸；同时，两臂外旋，两臂摆至体侧约45度，掌心朝斜后上方。动作略停，形成抻拉状态。目视左斜后方。（图5-34）

图5-33

图5-34

③两腿膝关节弯曲，身体重心缓缓下降；同时，松腰沉髋，头转正，两臂内旋。以肘为轴，两掌弧线运动，按于胯旁，掌心朝下，指尖朝前。目视前方。（图5–35）

④右式动作同左式，唯左右相反。（图5–36～图5–38）

本式共做一左一右的动作。

图5–35

图5–36

图5–37

图5–38

⑤最后一个动作时，两膝关节弯曲。两臂内旋，屈肘，两掌弧线运动捧于小腹前，掌心朝上，指尖间距约10厘米，头向前转正。目视前方。（图5-39）

图5-39

## 二、呼吸方法

展肩扩胸、两臂外旋，吸气。定势动作，停闭呼吸。两臂内旋、收回胯旁，呼气。

## 三、易理

### （一）什么是五劳七伤

五劳是指心、肝、脾、肺、肾这五脏的劳损。《黄帝内经·素问·宣明五气篇》说："久视伤血、久卧伤气、久坐伤肉、久立伤骨、久行伤筋，是谓五劳所伤。"另一种说法是七情所伤，即喜、怒、忧、思、悲、恐、惊。喜则气缓，怒则气上，忧则气郁，思则气结，悲则气消，恐则气下，惊则气乱。

七伤是指大饱伤脾、大怒气逆伤肝、强力举重久生湿地伤肾、形寒冷饮伤肺、形劳意损伤神、风雨寒暑伤形、恐惧不节伤志。

## （二）五劳七伤往后瞧的象

五劳七伤往后瞧这一式的象为山天大畜（䷙）。上卦为艮，下卦为乾。中爻二至四为兑，三至五为震，上至二互山泽损（䷨），二至五雷泽归妹（䷵），五至初互雷天大壮（䷡），四至初五泽天夬（䷪），上至三互雷颐（䷚）。

大畜卦《象传》曰："天在山中，大畜。君子以多识前言往行，以畜其德。"大畜下卦乾本义是勇猛精进，自强不息，而上卦艮是止欲修行。《大象传》是由"天在山中"这个"畜"将资源统统地收藏起来，即"以畜其德"。"多识前言往行，以畜其德"是说要心会神道前人之言行，辨是非，定得失，以畜养己德，充实自己的学问，空想无用，贵在行。"天在山中"，大家都知道天是无量无边的，山是有量的，怎样才能用有量的"山"装进无量的"天"？"大畜"的独到之处是把有形的东西和形象的执着大小、宽窄都化掉了，可见这不是物的层次，而是心的层次，只有心量才是无边的。心本身就是无定在，无所不在，所装的东西永远装不完。在《孟子》中叫"养其大者为大人"。

## （三）真气运行的主要经络

由象可知五劳七伤往后瞧真气运行经络有督脉、手太阴肺经、手阳明大肠经、足阳明胃经、足厥阴肝经、足少阳胆经。回头瞧这个动作随头部转动，慢慢带动颈椎一节一节转动，当颈椎转不动的时候，胸椎又一节一节开始转，直到尾闾。当腰椎转不动时，便带动胯、膝、踝关节转动，直达足底，极大地刺激督脉。我们知道，人体内的脏腑都系挂于脊柱，通过脊柱的转动，从而伸拉各脏腑器官运动。再加上沉肩双手下按、旋臂动作与回头瞧的配合更加有效刺激手太阴肺经、手阳明大肠经、足阳明胃经、足太阴脾经、足厥阴肝经和足少阳胆经。引气下行使上面虚火下降，阴阳交合。这样就有效地改善心、肝、脾、肺、肾的功能，使五脏劳损得以恢复。

我们说完了八段锦前四式动作，不难看出前四式主要是四肢运动，主要是围绕脊柱的夹脊动作，是用肩胛骨蓄劲来刺激膏肓穴。后四式则是侧重腰胯命门的俯冲扭转与伸拉，劲力从脊背向四肢末梢逐步传送，由里到外依次撑紧。运动过程中似乎要克服某种阻力，从而使四肢静脉筋骨充分地伸拔。虚领顶劲使我们打开玉枕穴，前四式进行夹脊运动，后四式则使尾闾得到充分的运动。故，常练八段锦有利于我们对背后三关的打通。

八段锦第一个动作“双手托天理三焦”，“三焦者，决渎之官，水道通焉”。理三焦是先调动我们身体的元气，而元气是我们人体的源动力，属先天范畴。第二个动作“左右弯弓似射雕”，可以调整我们的宗气，而宗气是由谷气与自然界氧气相结合而积于胸中的气，属于后天气的范畴。宗气的生成直接关系到我们身体的盛衰，宗气在胸中积聚之处，《灵枢》称为“气海”，也叫膻中。膻中者，臣使之官，喜乐出焉，这也是练习八段锦时面带微笑的因由。宗气作为后天生成之气，对先天之气有重要的资助作用。借三焦为通道，元气自下而上运行，散布胸中，以助后天之宗气。宗气，自上而下分布，蓄积于脐下之丹田，以资先天之元气。先天之气与后天之气相结合，成一身之气。

由于禀受于父母的先天之精的量是有限的，其化生的元气也是一定的，故，一身之气的盛衰主要取决于宗气的生成，而宗气的生成又取决于脾、肺两脏的功能是否正常及饮食营养是否充足。脾胃之气是我们的后天之本，而第三个动作“调理脾胃须单举”，就可以调理我们身体里的营气。《灵枢·营卫生会》曰：“此所受气者，泌糟粕，蒸津液，化其精微，上注肺脉，乃化而为血，以奉生身，莫贵于此，故独得行于经隧，命曰营气。”营气来源于脾胃运化的水谷精微。水谷之精化为水谷之气，其中精华部分化生为营气，并进入脉中运行全身，内入脏腑，外达肢节，终而复始营周不休。由于营气在脉中是血液的重要组成部分，营与血的关系密切，可分不可离，所以常将“营血”并称。营气循血脉流注于全身五脏六腑，四肢百骸得到营气滋养，营气是我们身体各个组织细胞生理活动的物质基础。

在前四式坐腕、掌根上撑、下按动作中，阳经被锁死，从而使练功人感到手指发麻发胀，劳宫穴有内劲外吐的感觉。再加上两臂相缚，松紧结合，使人体产生一种说不出的愉悦感。

### （四）健身效果

首先，两臂外旋、展肩扩胸动作，有利于打开手三阴经和任脉，挤压手三阳经和督脉；两臂内旋时，肩胛微开、命门后凸动作，则有利于打开手三阳经和督脉，挤压手三阴经和任脉，并刺激背部俞穴、夹脊等穴位。这种阴阳经交替开合，能发动全身经络气机、协调一身阴阳、调节五脏六腑功能。其次，转头后瞧时，可刺激颈部大椎穴，牵拉两侧颈动脉，改善脑部供血，增强颈、项、背部肌肉力量，缓解视觉疲劳和防治老年痴呆、颈椎疾病等。

## 第六节　摇头摆尾去心火

### 一、动作要领

**口诀**：马步扑步可自选，双掌扶于膝上边；头随呼气宜向左，双目却看右足尖；吸气还原接右式，摇头斜看左足尖；如此往返随气练，气不可浮意要专。

①身体重心左移；右脚向右开步站立，两膝关节自然伸直。两掌上托至胸高时，手臂内旋，两掌翻转向两侧上举，肘关节微屈至头斜上方，指尖相对。目视前方。（图5-40）

图5-40

②徐缓屈膝下蹲成马步；同时，两臂从两侧弧线下落，两掌指扶于膝关节上方，肘关节弯曲，手腕松沉。目视前方。（图5–41）

③身体重心稍起。目视前方。（图5–42）

④身体重心右移，右腿膝关节弯曲程度稍大于左腿膝关节；同时，上体右倾约45度。目视前方。（图5–43）

图5–41

图5–42

图5–43

⑤身体重心稍下降，且上体朝右前方俯身，两腿成右偏马步状。目视右脚尖。（图5–44）

⑥身体重心左平移成左偏马步状；同时，上体保持俯身左旋至左斜前方。目视右脚跟。（图5–45）

⑦身体重心稍右移，右髋向右侧、右前方送出，尾闾随之向右、向前、向左、向后旋转至正后方。身体重心随尾闾转动移至两腿间，膝关节弯曲。胸微含，头侧屈向左、向后转至正后方。目视上方。（图5–46）

⑧下颌与尾闾同时内收。身体重心下降成马步，上体中正。目视前方。（图5–47）

图5–44

图5–45

图5–46

图5–47

⑨右式动作同左式，唯左右相反。（图5-48 ~ 图5-53）本式共做一左一右的动作。

图5-48

图5-49

图5-50

图5-51

图5-52

图5-53

⑩做完最后一个动作时，身体重心左移，右脚缓慢收回，与肩同宽，自然站立；同时，两掌从体侧，掌心朝上，平托至肩高时，外旋翻转上举至掌心相对。目视前方。（图5-54）

⑪两腿膝关节弯曲，身体重心缓慢下降；同时，两臂屈肘，掌心朝下，两掌经面前下按至小腹前，指尖相距约10厘米，拇指侧离腹部约10厘米。目视前方。（图5-55）

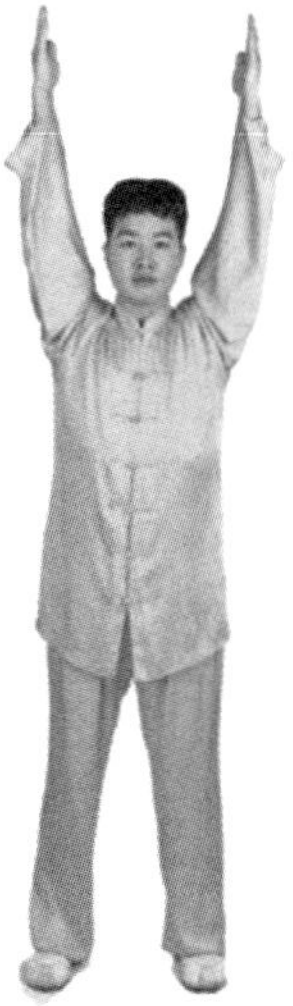

图5-54

图5-55

## 二、呼吸方法

两臂体前上托，吸气。下落成马步，呼气。俯身与尾闾左转动时，自然呼吸。起身，两臂体侧上托、收脚，呼气、停闭呼吸。手臂体现下落，呼气。

## 三、易理

### （一）摇头摆尾去心火的象

在八段锦的动作中，这一式是最难的。其象为水火既济（䷾），上卦为水，下卦为火，中爻二、三、四构成坎卦（☵），三、四、五爻养成离卦（☲），形成火中有水，水中有火，水火相互交融。其卦中卦只有既济未济。既济卦的《象传》曰：“水在火上，既济。君子以思患而豫防之。”为什么能成为既济呢？因为它是一个烹饪之象。水和火没有实质的接触，通过锅下架柴烧火，把生的食材烧成饭菜。水火是“保持距离，以策安全”的，这也是思患预防。对火来讲真实是造就水的，可是又不能在造就水的时候，让自己受伤害，那就要保持距离，不要直接接触，要有一个器具装着水，这样才能浇开水，让锅中的食物变成美味佳肴，这就是互相造就，相反相成。如果中间没有容器，就不会有烹饪的结果。

### （二）真气运行的主要经络

从其象可知，摇头摆尾去心火所经的经络有手少阴心经、手太阳小肠经、足少阴肾经、足太阳膀胱经，这四条经络在人体内构成一个小循环。心火者，思虑过度，内火旺盛。要降心火，须得肾水，心肾相交，水火既济。这一式动作的关键点在于尾闾的摆动，通过顶胯使尾闾上、下、左、右、前、后的摆动，以带动摆头。想练好这一式动作，使胯先以次向六方顶，先求方，后求圆，方圆相容。其原理是心脏泵血供给小肠，小肠为其上的两肾提供热能，从而使肾水气化后沿督脉上行，通过头顶下降至任脉返回丹田。

### （三）健身效果

首先，摇头摆尾可提升阳气、通经泄热、平衡阴阳、畅通任督二脉、调理脏腑、滋阴补肾，使肾水上济，促进心肾相交。同时，牵动脊髓和马尾神经，改善内脏神经功能，有助于提升卵巢、子宫、前列腺、膀胱等脏器的功能。其次，脊柱的回环旋转，加之头、尾的牵拉转动和提肛收腹与膈肌的下降，对脊柱有很好的保健作用。同时，腹腔脏器得到挤压、按摩，促进了中焦、下焦的消化、排泄及运化功能。最后，下蹲马步、左右移动重心，能活动髋关节，改善局部血液循环，可防治股骨头坏死等疾病，并能增强下肢力量，提高身体的稳定性。

# 第七节　双手攀足固肾腰

## 一、动作说明

**口诀**：两足横开一步宽，两手平扶小腹前；平分左右向后转，吸气藏腰撑腰间；式随气走定深浅，呼气弯腰盘足圆；手势引导勿用力，松腰收腹守涌泉。

①两膝关节缓慢伸直站立。两掌外转至指尖向前，肘关节伸直，而后两臂向前、向上举起，掌心朝前，指尖朝上。目视前方。（图5-56）

②两肘弯曲，两臂外旋，掌心相对，两掌随屈肘下落经脸前按于胸前，掌心朝下，指尖相对。目视前方。（图5-57）

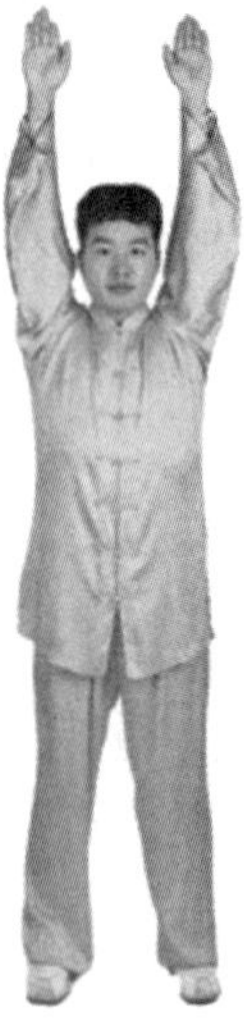

图5-56

图5-57

③两臂外旋，两掌心朝上，掌指旋转、向后反插贴腋下摩运内旋。目视前方。（图5-58）

④两掌心贴背，沿脊柱两侧向下按压摩运至臀部。目视前方。（图5-59）

⑤上体前俯，两膝挺直，两掌继续沿腿部后侧向下摩运至脚踝，再贴两脚外侧移到小脚趾处，旋腕后移，扶于脚面，掌指朝前。目视下方。（图5-60、图5-60附图）

图5-58

图5-59

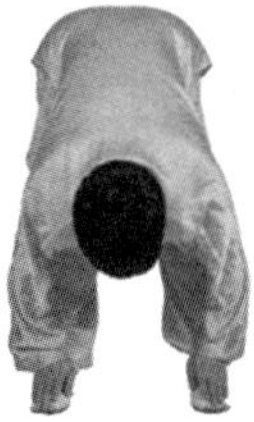
图5-60

图5-60附图

⑥两掌不动，塌腰、翘臀。两臂伸直，沿地面向前、向上，以臂带动上体抬至水平。目视前下方。（图5-61、图5-61附图）

图5-61

图5-61附图

⑦两臂继续向前、向上举至头上方，以腰骶为轴，上体直立，两掌与肩同宽，掌心朝前，指尖朝上。目视前方。（图5-62）

⑧本式一下一上为1遍，共做3遍。做完3遍后，两腿膝关节弯曲，身体重心缓慢下降；同时，肘稍屈，两臂向前下落，两掌下按至小腹前，掌心朝下，掌指朝前。目视前方。（图5-63）

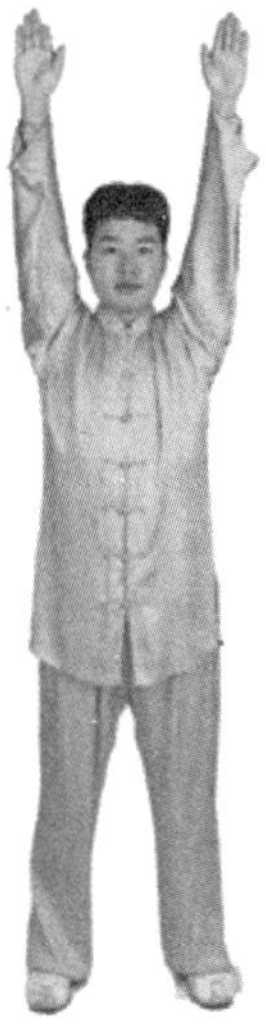

图5-62

图5-63

## 二、呼吸方法

两臂体前上举，吸气。翻掌，停闭呼吸。下落，呼气。向后反插，吸气。俯身、摩运，呼气。

## 三、易理

### （一）双手攀足固肾腰的象

这一动作在双手按足背、仰头之前的象为益卦（䷩），两臂带身起立为震卦（䷲）。益卦在第一式“双手托天理之焦”

中已说明，在这里只说震卦。“震”字是“雨之辰”，震为长子，是父精（乾）、母血（坤）阴阳和合而生出震。震是生命的主宰，“雨之辰”决定人一生的动静。震是生命生机的代表，也是阴阳交合之后时间产生的深刻作用。“辰”在十二时辰中居第五位，辰时为早上七点至九点，差不多是日出的时候，也是阴阳交合恰到好处的时机。在后天八卦中，“震”是东方，在五行中，东方又是生方，代表生生不息。

震卦的上卦是震，下卦也是震。中爻二、三、四构成艮卦，三、四、五构成坎外，初爻至四爻互山雷颐卦（䷚），二、三、四爻互水山蹇（䷦），上至三互雷水解（䷧），初至五互水雷屯（䷂），上至二互雷山小过（䷽），震卦《象传》曰：“洊雷，震。君子以恐惧修省。”“洊雷”就象大地震之后余震不断。震卦的象是内震、外震、上震、下震，一旦震动起来，余波不断。

### （二）真气运行的主要经络

从象上看，这一式动作真气运行的经络有手厥阴心包经、手少阳三焦经、足厥阴肝经、足少阳胆经、足太阴脾经、足阳明胃经、任督二脉、足少阴肾经、足太阳膀胱经。当双手由面前下行至膻中穴上时，两手同时外旋发生扭转，并从腋下经脾经之大包穴向后穿出，沿胆经滑行肾俞穴，然后由肾俞穴下行至环跳穴，当劳宫穴与环跳穴相对时松胯，并将身体伸直后缓慢向前弯腰，同时双手顺足太阳膀胱经向下行，手触足跟后沿足面行至小趾旁至阴穴，将双手内旋覆盖脚面上，然后下按并抬头塌腰。此时开始闭气。然后将两臂用力前伸，并缓慢上扬，两臂与肩齐。用两大臂带动躯干上升，使脊柱从下到上一节一节抬起。这一动作通过伸拉延长身躯，有效地刺激足太阳膀胱经、命门、肾俞等穴位，并对肾脏起到按摩作用。肾脏受到牵引按摩，增强生化肾精、肾气的功能。当双手从背部往下一直摩运到足跟环足上半周，再加上呼吸吐纳和意念引气作用的结合，进一步刺激了该摩运线路和足太阳膀胱经、足少阴肾经，特别是两经交合的委中穴。所以，这式动作对腰部的保健和痛症有极好的康复效果。当人体站立后，意念要在中指的中冲穴上，并由中冲穴上领上拔至极点，对人体进行伸拉，有利于心包经的打开，增强供血机能。

### （三）健身效果

首先，脊柱的前屈与背伸运动，能增强脊柱相关肌肉力量，提升脊柱的稳定性、柔韧性和延展性，可有效防治颈椎、腰椎部疾病。其次，两掌摩运与俯身攀足，可循经按摩、牵拉膀胱经，刺激督脉和命门、肾俞等穴位，加之起身时能有效牵拉足少阴肾经，可获得充盈经气、固肾壮腰、增强肾上腺功能的效果。

## 第八节　攒拳怒目增气力

### 一、动作要领

**口诀**：马步下蹲眼睁圆，双拳束抱在胸前；拳引内气随腰转，前打后拉两臂旋；吸气收回呼气放，左右轮换眼看拳；两拳收回胸前抱，收脚按掌式还原。

①屈膝，身体重心右移，左脚向左开步至约三脚长，两腿徐缓下蹲成马步；同时，两手由掌变握固，收到腰间，拳眼朝上。目视前方。（图5–64）

②左拳缓慢向前冲出，肘关节微屈，与肩同高，拳眼朝上，当肘关节离开肋部平面时，拳越握越紧，眼睛由目视前方转为注视左拳并逐渐睁大；同时，脚趾抓地；目视左拳。（图5–65）

③向右转腰左顺肩；同时，左臂内旋，由握固变掌前伸，掌心朝外，掌指朝前。目视左掌。（图5–66）

图5–64

图5–65

图5–66

④左掌指向右、向上、向左再向下依次旋腕一周，随之握固，拳心朝上；同时，脚趾抓地；眼睛睁圆。目视左掌。（图5-67～图5-72）

图5-67

图5-68

图5-69

图5-70

图5-71

图5-72

⑤左拳随屈肘收至腰间，拳眼朝上；同时，脚趾放松；眼睛由注视左掌逐渐过渡到目视前方。（图5-73）

⑥右式动作同左式，唯左右相反。（图5-74～图5-83）

本式共做一左一右的动作。

图5-73

图5-74

图5-75

图5-76

图5-77

图5-78

图5-79

图5-80

图5-81

图5-82

图5-83

⑦做最后动作时，调整膝关节，身体重心右移，左脚收回，并步站立；同时，两拳变掌，自然垂于体侧。目视前方。（图5-84）

图5-84

## 二、呼吸方法

迈步，吸气。下落成马步，呼气。冲拳、回收，自然呼吸。转掌变握固，停闭呼吸。

## 三、易理

### （一）攒拳怒目增气力的象

这一式的象为噬嗑卦（䷔）。上卦为离，下卦为震。中爻二、三、四构成艮卦，三、四、五爻构成坎卦。初至四互山雷颐（䷚），二至五互水山（䷦），上至三互火水未济（䷿），上至二互火山旅（䷷），初至五互水雷屯卦（䷂）。噬嗑卦《象传》曰："雷电，噬嗑。先五以明罚敕法。"噬嗑二字均从口，示为口舌之用。一是饮食为生命之源，且为人生存之必需。二是语言是人意志的表现。三是人的呼吸气息出入的通道。四是人体津液所会处，也是做吐纳功夫所凭导。而养生练功无不要求慎饮食，谨行慎言。且注重吸呼吐纳调摄，保存吞食津液。噬嗑卦的象是三阳包纳三阴，阳首阴从，刚柔相得。上离下震，离震动，表里同功。从六爻言，阳动于下，上出二阴，为震发于地中之象。阴居阳外而阳又包阴，有日明中天之象。下以阳贵，则震为刚；上以阴贵，则离为女。中女长男，刚柔分明。阳施阴应，内外相应，此通达之象。噬为张齿啮物，嗑为翕唇呷物，是开合之象，一开一合，阴阳之道。

### （二）真气运行的主要经络

从这一式的象可以知道，真气运行的经络有足厥阴肝经、足少阳胆经、手少阴心经、手太阳小肠经、足太阴脾经、足阳明胃经、足少阴肾经、足太阳膀胱经。双手攀足固肾腰后双手握固，《道德经》曰："骨弱筋瘦而握固。"握固有助于固肝魂。大家都知道，婴儿新出生时，两手握固，免受惊吓。在马步冲拳时，要怒目圆睁，且口形成咬合状，但上下牙齿间要留有一定的缝隙，此时一定要呼气。做马步时要脚趾抓地，一般大拇趾和足后跟受力最多，而大拇趾正是肝经井穴大敦所在处，足跟是肾经大钟穴所在处，这样做可以刺激肝气和肾气的发动。在做这一式时，力在拳不在臂，臂松拳紧。由于肝开窍于目，怒目可以让肝气调达通畅。中医认为十二经气都上注于面，而五脏六腑的精华则上注于目。而在奇经八脉中，阴跷、阳跷两脉交会于眼，是人体卫气内外出入的必由之路。所以，怒目不但让肝气条达，还能固卫气。

### （三）健身效果

首先，通过怒目圆睁、摩运两胁、强力抓握、脚趾抓地、马步下蹲等动作，使全身肌肉、筋脉受到静力牵拉，刺激了手三阴、三阳经的原穴和足三阴、三阳经的井穴，加强了肝的藏血、疏泄功能，具有强筋壮骨、增强气力的作用。其次，冲拳时，通过保持髋关节和头部不动，加强了脊柱的左右拧转，利于提升脊柱的旋转幅度和灵活性，对调节脊柱小关节位置、维护脊柱健康有促进作用。

## 第九节　背后七颠百病消

### 一、动作要领

**口诀**：两腿并立撇足尖，足尖用力足跟悬，呼气上顶手下按，落足呼气一周天；如此反复共七遍，全身气走回丹田，全身放松做颠抖，自然呼吸态怡然。

①脚跟提起，脚趾抓地；同时，立项拔背，后顶竖起，沉肩垂肘，提肛收腹，掌指下垂，动作略停。目视前方。（图5-85）

②脚跟缓慢下落，轻震地面；同时，咬牙，舌抵上腭，沉肩，垂臂，周身放松。目视前方。（图5-86）

本式一起一落为1遍，共做7遍。

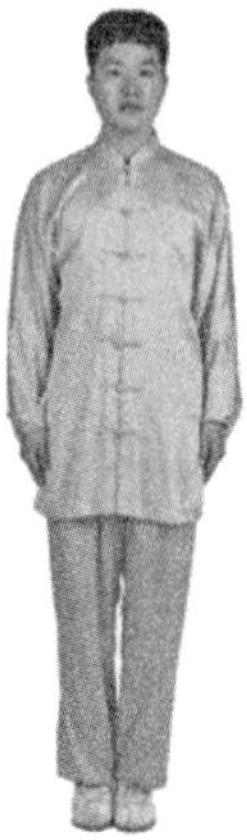

图5-85

图5-86

## 二、呼吸方法

提踵，吸气。达到最高点，停闭呼吸。下落，呼气。

## 三、易理

### （一）背后七颠百病消的象

这一式的象为屯卦（䷂）。上坎下震，中爻二、三、四构成坤卦，三、四、五构成艮卦，屯卦初至四互复（䷗），初至五互颐（䷚），二至五互剥（䷖），上至三互蹇（䷦），上至二互比（䷇），屯卦《象传》曰："云雷屯，君子以经纶。"屯是初生生命的象征，老子在《道德经》中说："专气致柔，能如婴儿乎？"是把婴儿比做一个人的修炼成就，希望人最终能返璞归真，返老还童。屯卦主要讲"生"，象征生命刚刚开始，而且是天地造化之下，自然而然的新生，而且是天生。《序卦使》曰："有天地，然后万物生焉。"说的是有了天地这个大舞台，万物才能开始生长。开天辟地的宇宙大爆炸后，约46亿年前才形成太阳系，形成地球，慢慢地海洋中有了最简单的生命，而屯卦就是水中的生命开始动了。屯卦上卦是坎卦，代表汪洋大海，下卦为震卦，震卦就是生命的动。

### （二）真气运行的主要经络

从其象可知，这式动作所运行的经络有足厥阴肝经、足少阳胆经、足少阴肾经、足太阳膀胱经、足太阴脾经、足阳明胃经以及任脉。这一动作看似简单，颠足而立，拔伸脊柱，下落震身，按摩五脏六腑，起到振髓作用。庄子在《南华经》中说："真人之息以踵。"所以吸气时一定从脚底涌泉穴吸取地气并上至头顶，在身体放松的状态下两只手臂会随吸气向身体两侧外分。当呼吸时，足跟落地形成震髓，两臂回到身体两侧原位，随着顿足的一上一下就产生了能量，这样明显的落差就能让气血循环加快，把气散布全身，从而使百病消除。当颠气足时，足太阴脾经从大趾末端隐约开始上行，入腹于脾，络于胃。脾在人体水液代谢过程中以及水液在体内多脏腑组织器官的传输、布散、排泄等升降出入过程中，脾居中焦，为全身气机升降代谢的枢纽，通过刺激隐白穴可以激脾阳之气，使其气旺盛，增强水液运化功能。但大家一定要清楚，并不是只做这一式动作就能消除百病，而是在前七式的基础上再做此式才能消除百病。

### （三）健身效果

首先是通过拉伸脊柱、回落震动，可挤压椎间盘、震动脊椎，调整脊柱小关节位置，加之收腹提肛和膈肌升降，强化了对内脏器官的挤压震动，具有促使内脏、关节复位以及解除全身关节和肌肉紧张的作用。其次是脚趾抓地和提踵，能刺激足三阴、三阳经脉，发达小腿后群肌肉力量，提升人体平衡能力。

## 第十节　收势

### 一、动作说明

①两臂内旋，两掌向两侧摆起约45度，掌心朝后，掌指斜朝下。目视前方。（图5–87）

②两臂外旋，两掌向前划弧至斜前方45度时，屈肘合抱至小腹，两掌相叠（男性左手贴腹，女性右手贴腹）。目视前下方，静养片刻。（图5-88）

③两臂自然垂落，两掌指轻贴于腿外侧。目视前方。（图5-89）

图5-87

图5-88

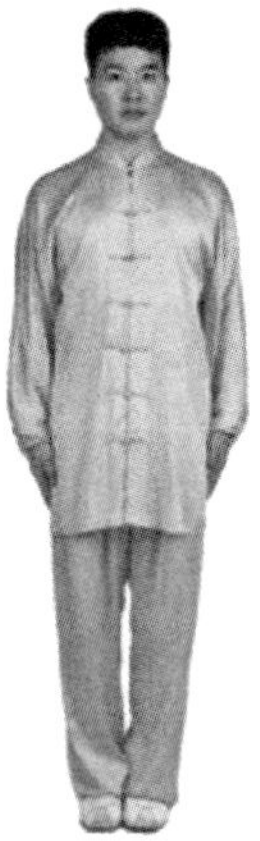

图5-89

## 二、呼吸方法

两臂体侧旋臂，吸气。翻掌，停闭呼吸。前拢合抱，呼气。两臂还原体侧，自然呼吸。

## 三、易理

### （一）收势的象

收势的象为太极生两仪。人体双臂一开一合，收于丹田。人体一小太极，天地一大太极，人体一开合，相当于天地之阖辟。动则生阳为开，静则生阴为合。

### （二）真气运行的主要经络

两臂开时，气从丹田下行经尾闾上沿督脉上行，合时气沿经脉下行，最后收置于丹田。

### （三）健身效果

引气归元，进一步巩固练功效果，并逐步恢复到练功前的状态。

# 附录一　人体脏腑图

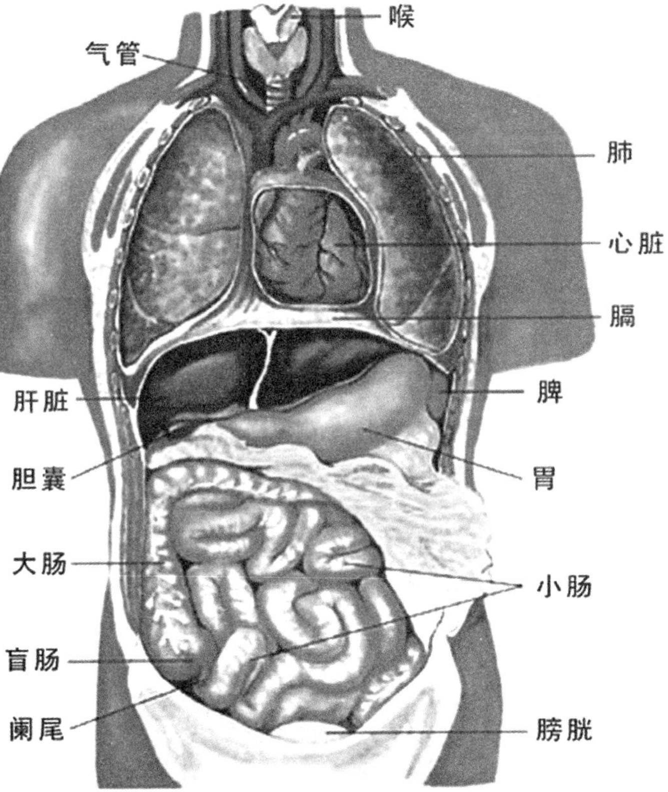

# 附录二　人体浅层肌肉图

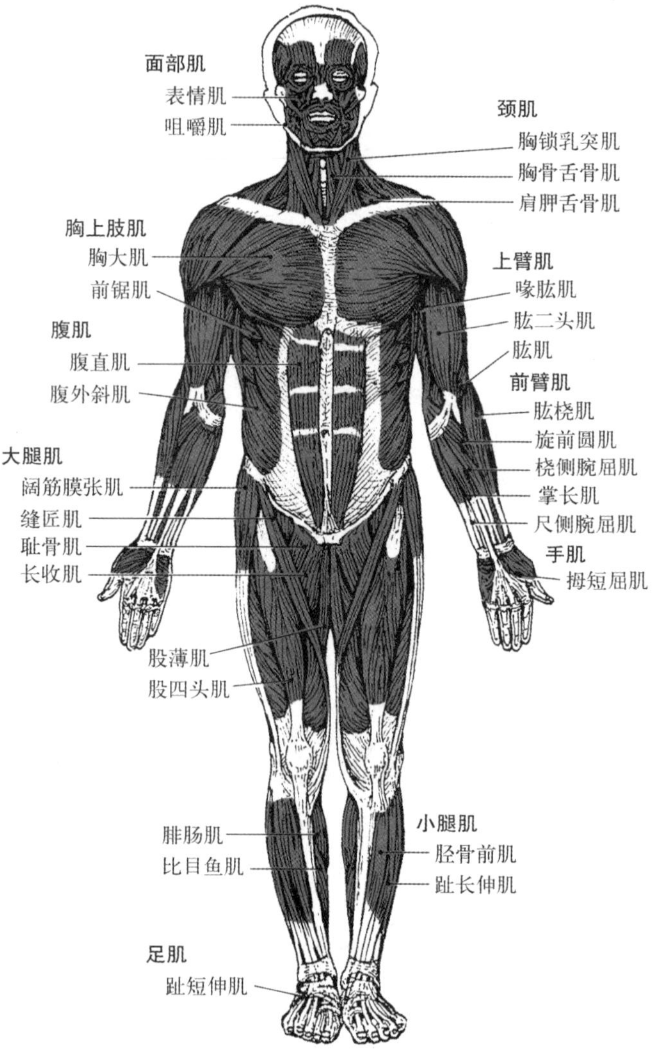


全身浅层肌肉（前面）

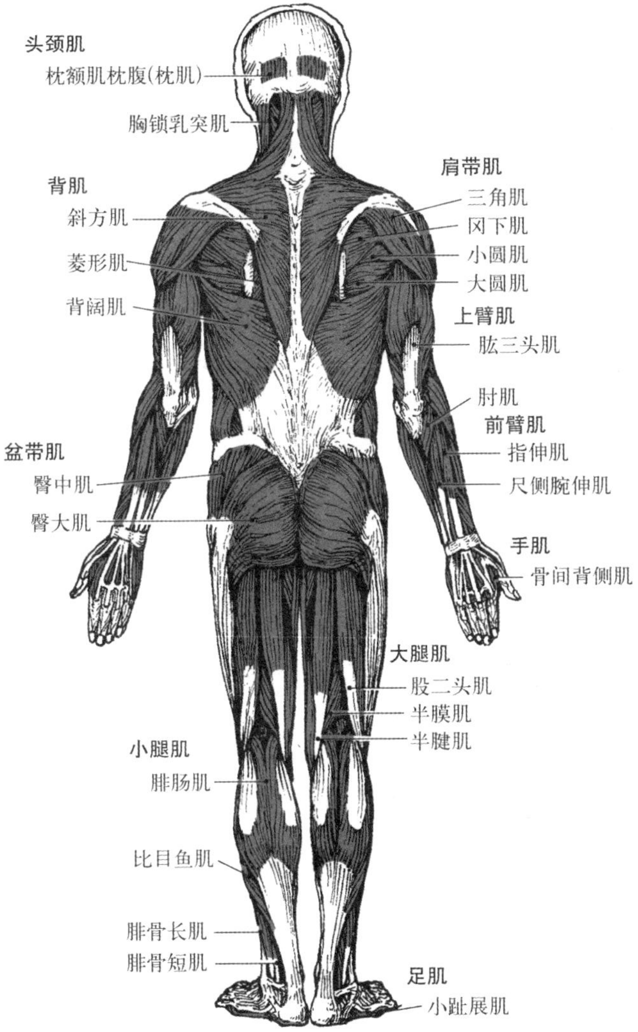
头颈肌
枕额肌枕腹(枕肌)
胸锁乳突肌
背肌
斜方肌
菱形肌
背阔肌
盆带肌
臀中肌
臀大肌
肩带肌
三角肌
冈下肌
小圆肌
大圆肌
上臂肌
肱三头肌
肘肌
前臂肌
指伸肌
尺侧腕伸肌
手肌
骨间背侧肌
大腿肌
股二头肌
半膜肌
半腱肌
小腿肌
腓肠肌
比目鱼肌
腓骨长肌
腓骨短肌
足肌
小趾展肌

全身浅层肌肉（背面）

# 附录三　人体骨骼图

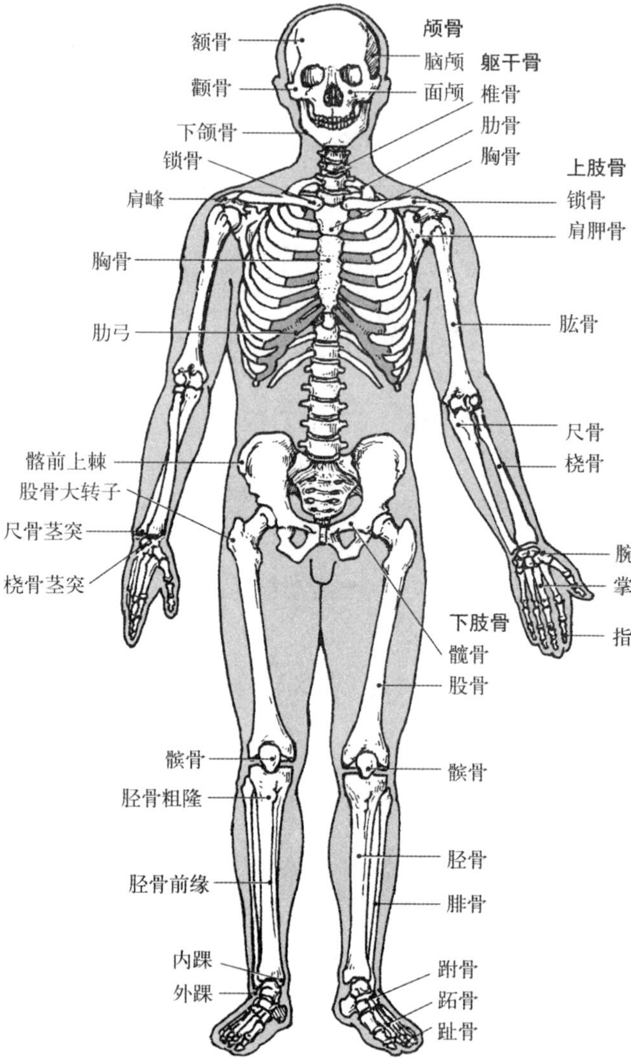


全身骨骼（前面）

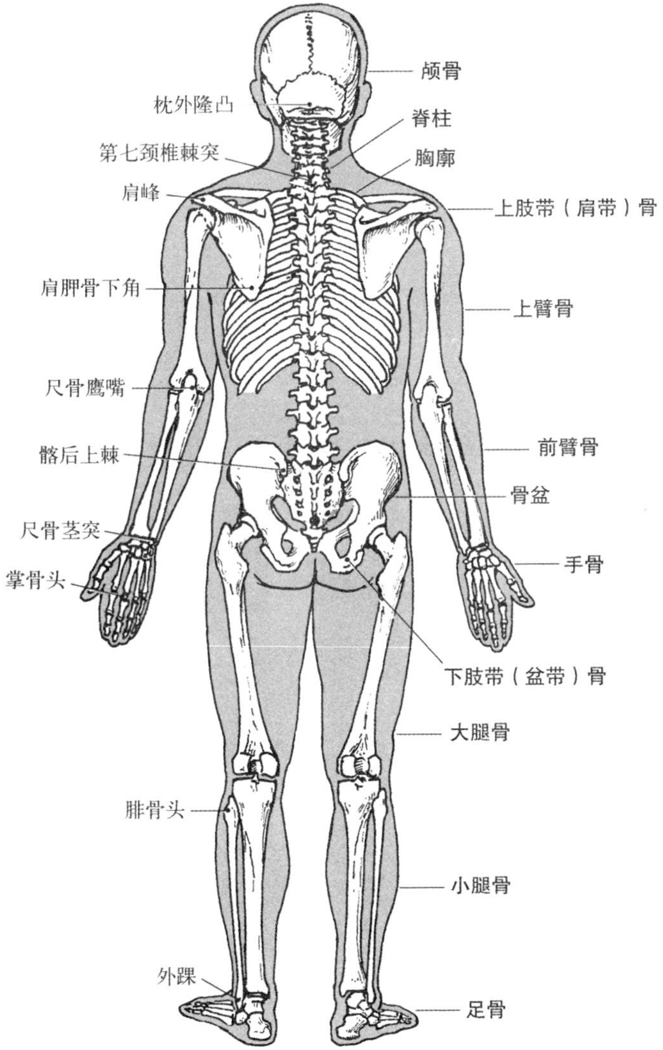
颅骨
枕外隆凸
脊柱
第七颈椎棘突
胸廓
肩峰
上肢带（肩带）骨
肩胛骨下角
上臂骨
尺骨鹰嘴
前臂骨
髂后上棘
骨盆
尺骨茎突
手骨
掌骨头
下肢带（盆带）骨
大腿骨
腓骨头
小腿骨
外踝
足骨

全身骨骼（背面）